NUEVO
DICCIONARIO
DE LOS
SUEÑOS

1a. edición, junio 2003.
2a. edición, octubre 2004.
3a. edición, marzo 2005.
4a. edición, junio 2006.
5a. edición, febrero 2008.
6a. edición, agosto 2008.

© *Nuevo Diccionario de los Sueños*

© Derechos de edición y traducción cedidos por:
Latinoamericana Editora S.A., Buenos Aires, Argentina.

© 2008, Grupo Editorial Tomo, S.A. de C.V.
Nicolás San Juan 1043, Col. Del Valle
03100 México, D.F.
Tels. 5575-6615, 5575-8701 y 5575-0186
Fax. 5575-6695
http://www.grupotomo.com.mx
ISBN: 970-666-751-0
Miembro de la Cámara Nacional
de la Industria Editorial No 2961

Diseño de Portada: Emigdio Guevara
Supervisor de producción: Leonardo Figueroa

Impreso en México - *Printed in Mexico*

NUEVO DICCIONARIO DE LOS
SUEÑOS

INTRODUCCIÓN

Sueños: un mensaje divino

Mucho antes de que la ciencia se interesara en averiguar por qué motivo los hombres duermen y sueñan, la humanidad ya estaba preocupada por interpretar el significado de las imágenes oníricas. Prueba de ello es que se han encontrado documentos muy significativos sobre interpretación de los sueños, cuyo origen data de más de 6.000 años. Para muchas civilizaciones, la capacidad de soñar era un don que poseían los hombres, pues permitía que los Dioses se comunicaran con ellos.

Los mensajes oníricos eran interpretados, entonces, como advertencias y consejos que impartían las divinidades, con el fin de guiar a la humanidad. Los griegos y los romanos, por ejemplo, creían que cuando el cuerpo estaba dormido, el alma se sentía libre de viajar, especialmente a lugares de fantasía, lugares situados en-

7

tre lo humano y lo divino. En sueños, era posible conocer a Dios, ver el futuro, curar nuestras enfermedades y saber sobre nuestras vidas pasadas.

Esta caracterización del mundo de los sueños no fue exclusiva de las religiones politeístas, sino que también se hizo presente en la tradición judeo cristiana. Tanto en la Biblia como en el Talmud, aparecen reiteradas referencias a los mensajes divinos transmitidos a los hombres a través de ellos. También Mahoma creía en el poder profético del mundo onírico. La tradición islámica indica que fue gracias a un sueño que redactó el Corán, el libro sagrado de los musulmanes.

En la India, los sabios consideraban a la comprensión de los sueños un elemento facilitador de la vida. Sostenían que éstos contenían mensajes del mundo espiritual, y por lo tanto, ayudaban a ingresar en el camino del autoconocimiento. Buda, en el siglo V antes de Cristo, tuvo un sueño o visión, al cual se le atribuye el reconocimiento de las causas de la existencia y las leyes de la vida. Siguiendo estas premisas, predicó la doctrina filosófica y metafísica que hoy conocemos universalmente como Budismo.

Sueños: un mensaje de nuestro interior. Y así llegamos hasta nuestros días. ¿Qué importancia les adjudicamos hoy a los sueños? Por increíble que parezca, en la actualidad ellos constituyen uno de los aspectos más negados de nuestro inconsciente. Todo el mundo sueña, pero la mayoría de las personas no presta atención a las imágenes oníricas. Además, están los científicos de línea muy dura y escéptica, que califican a la actividad onírica como una simple reacción química.

Por su parte, Sigmund Freud, el padre del psicoanálisis, realizó un aporte fundamental a las ciencias que estudian el comportamiento humano: descubrió el inconsciente. Y con él, también reveló que los sueños son una vía de comunicación entre el mundo racional y el mundo que se oculta enigmática y subconscientemente en nosotros.

A partir de sus teorías, los sueños son objeto de

estudio para comprender los mecanismos que rigen nuestra vida psíquica, para develar en esas imágenes las vivencias, los recuerdos, los traumas y deseos que constituyen el motor psíquico de las personas.

¿Residuos de la vida diaria? ¿Deseos insatisfechos? ¿Represiones? Qué es exactamente un sueño es algo que aún permanece en el debate...y en el misterio. Pero lo indiscutible es que los sueños "significan" algo, tal vez mucho más de lo que imaginamos: son mensajes de profundo significado —a veces premonitorio— que llegan a nosotros mediante símbolos que es preciso descifrar y que nos proporcionan información sobre nosotros mismos, que normalmente permanece oculta, sectores de nuestra personalidad capaces de arruinar nuestra vida, así como también, talentos y potencialidades que jamás sospechamos que poseíamos.

Si bien cada sueño es personal y único, existen muchas imágenes de significado y simbolismo universal. Las interpretaciones que aparecen en este Nuevo Diccionario de los Sueños han sido extraídas de la mitología, la alquimia, la psicología e investigaciones científicas sobre el tema. Las definiciones que aparecen junto a la acción u el objeto soñado pueden proporcionar elementos de suma importancia al soñante, pero finalmente, él será el único que logrará interpretar correctamente el mensaje oculto en su sueño.

Como un trampolín desde el cual alcanzar nuevos estados de conciencia y ensanchar, no sólo la visión que tenemos de nosotros mismos, sino también la del universo que nos rodea, el propósito de este libro es guiar a los lectores hacia esa meta.

Deseamos, sinceramente, que logren alcanzarla.

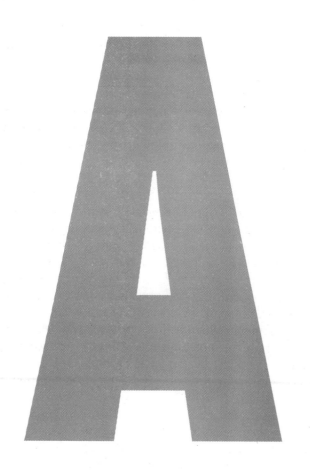

ABAD

Soñar que nos encontramos con el abad de un monasterio, predice un largo período de sufrimiento. Además, si él nos habla con un acento extranjero, seguramente vamos a estar constantemente ocupados por un largo tiempo. Si la voz del abad es muy aguda, posiblemente indica que deberíamos reparar algún daño que hayamos hecho.

ABADESA

Si vemos una abadesa en el sueño, nuestro futuro será alegre y claro, especialmente si ella nos sonríe.

ABADÍA

Ver esta estructura claramente y a la luz del día, generalmente representa un buen presagio. Pronto lograremos la paz interior y nos libraremos de nuestra ansiedad. En cambio, si la estructura aparecía a oscuras o por la noche, ello predice una tristeza que será temporaria.

ABANDONAR

Soñar que uno es abandonado, en realidad, significa lo contrario. En tal caso, el sueño sugiere que tendremos una reconciliación, o una rápida recuperación de nuestros problemas. Pero, si en el sueño abandonamos algo de naturaleza desagradable, ello indica una mejoría en nuestras finanzas. Sin embargo, si en el sueño abandonamos a alguien cercano, seguramente aparecerán problemas inesperados, los cuales podremos superar, si reconocemos y tenemos en cuenta la advertencia. En cambio, soñar con ser testigo de cualquier clase de abandono, indica que recibiremos noticias muy importantes.

ABDOMEN

Un sueño con significado opuesto. Si en el sueño experimentamos dolor en esta zona, ello indica que lograremos el éxito gracias a una buena salud. Pero si en cambio, el abdomen aparecía expuesto, de cualquier manera, el sueño era una advertencia de infidelidad o traición por parte de alguien en quien confiamos. Después de un sueño así, ser precavido con nuestras confidencias es lo mejor que podemos hacer.

ABEJA

Significan laboriosidad, organización, limpieza y pureza. Como la hormiga, la abeja es un símbolo colectivo en el cual la individualidad sucumbe a favor de los intereses del grupo. En la mitología, la abeja tiene asociaciones divinas por su miel, que es el alimento de los dioses. Otros significados: estar demasiado ocupado y comprometido, revolotear de una cosa a la otra.

ABISMO

Este sueño representa un obstáculo. Si evitamos la caída por el abismo, seguramente superaremos nuestras dificultades; pero si caemos en el abismo, es una advertencia de que seamos extremadamente cuidadosos en cualquier operación de negocios.

ABORRECER

La interpretación de este sueño depende del aspecto de éste. Sentirse seriamente perturbado por la aversión y el propio disgusto, es una advertencia de peligro o cualquier dificultad de naturaleza impredecible. Pero si esta sensación en el sueño no nos perturbó demasiado, los problemas que se presenten no nos afectarán mucho.

ABORTO

Este sueño tiene distintos significados en el hombre y en la mujer. Para una mujer, representa una advertencia de que cuide su salud, mientras que para un hombre indica un fracaso en sus intereses, ya sean en el ámbito del amor o el dinero.

ABREVIACIÓN

Ver o escuchar palabras abreviadas, como por ejemplo B.A. para Buenos Aires, Atte. para atentamente, etc., sugiere que deberíamos estar a la espera de alguna pérdida, posiblemente de algún amigo o tal vez de dinero.

ABSCESO

Esta presencia en un sueño indica la existencia de un problema que nos negamos a reconocer. La solución se encuentra en nuestra voluntad, ya que si somos valientes podremos resolver el problema sin dejarnos vencer por el dolor.

ABSOLUCIÓN

Si soñamos que somos absueltos por un cura o un amigo, veremos la llegada de una larga paz interior y una gran tranquilidad mental.

ABSTINENCIA

Este es un sueño con un significado contrario. El soñar en abstenerse, por propia voluntad, y de cualquier clase de tentación, como ser la bebida, representa una advertencia en contra de nuestra excesiva confianza. En cambio, soñar en abstenerse de una necesidad, indica la proximidad del éxito y la prosperidad.

ABUELOS

Soñar con nuestros propios abuelos es un símbolo de protección y seguridad.

ABUNDANCIA

Si la abundancia es de una sola cosa, constituye una advertencia de que conservemos los recursos de los que disponemos; pero si soñamos en la abundancia de una variedad de cosas, representa un buen presagio. Seguramente, no tendremos problemas de dinero.

ABUSO

El soñar que alguien abusa de nosotros es una clara señal de que pronto tendremos una discusión con nuestro amante o amigo, o bien de que alguien ha estado hablando mal de nosotros. También, un abuso en los negocios o el comercio, indica una terrible pérdida y muchas veces un robo, por lo tanto, deberíamos cuidar muy bien del dinero y nuestras pertenencias en un caso como éste.

ABYECTO

Si en el sueño nos vemos despreciables, estamos próximos a un posible revés financiero. Si nuestra condición cambia durante el sueño, entonces el revés será solamente temporario. Por otra parte, responder amablemente a un acercamiento por parte de cualquier individuo en un estado despreciable, significa que se nos aproxima algún beneficio de índole financiera.

ACACIA

Ver una acacia florecida u oler su fragancia es un muy buen presagio, e indica buena suerte con respecto a nuestros deseos o pasiones más secretas.

ACADEMIA

Cualquier sueño que involucre esta clase de institución constituye una promesa de nuevos amigos y experiencias; pero cuidado, también encierra la advertencia de que muchos se nos pueden acercar por interés. Sea precavido.

ACANTILADO

Este sueño representa un obstáculo, ya sea futuro o ya existente. Cuanto más escarpado sea el acantilado, más grande será el obstáculo a superar. Escalarlo significa que tendremos inconvenientes que lograremos vencer con esfuerzo.

ACELERADOR

El usar el acelerador para aumentar la velocidad de un automóvil o cualquier otro vehículo, indica que lograremos nuestros objetivos a través de nuestro propio esfuerzo. Sin embargo, si en el sueño, el acelerador se traba o no podemos retirar el pie de él, podemos considerarlo una advertencia en contra de malos hábitos, como ser el juego o la bebida, los cuales podrían convertirse en un vicio.

ACENTO

Si, en el sueño, nosotros o algún individuo, hablamos con un acento extranjero o poco familiar, escucharemos noticias lejanas que traerán consigo un viaje inesperado y repentino.

ACEPTAR

La interpretación de este sueño depende de lo que se acepta. Si se trata de una propuesta de matrimonio que nosotros o algún otro individuo aceptó, adquiere un significado opuesto y sugiere un camino sinuoso hacia el romance. Sin embargo, con perseverancia lo podemos llevar a la normalidad. Si el sueño, en cambio, consiste en la aceptación de dinero, o cualquier otro elemento de valor, anuncia el éxito en el ámbito de los negocios.

ACCIDENTE

Para la interpretación de este sueño, es importante tener en cuenta que, como regla, significa una advertencia. Por empezar, hay que tratar de evitar viajar innecesariamente después de un sueño así. Un accidente en el mar tiene relación con la vida amorosa, mientras que en tierra, se relaciona con los negocios. En lo posible, se debe evitar el elemento envuelto en el accidente, por lo menos las 24 horas después del sueño. Por ejemplo, si soñamos con un accidente automovilístico, no sólo hay que tratar de caminar por lo menos un día, sino también tener cuidado al cruzar una calle. Si de ninguna manera se puede evitar el uso de un automóvil, hay que conducir lejos de otros vehículos como trenes, aviones o automóviles. También, es aconsejable mantenerse alejado de caballos u otros animales, incendios o problemas en la carretera, zonas o caminos elevados y cualquier otro elemento que hubiera aparecido en el accidente del sueño. Si aún no podemos mantenernos aislados de tales elementos o circunstancias, debemos tomar todas las precauciones necesarias y estar siempre atentos a lo que pueda suceder.

ÁCIDO

El significado de este elemento se encuentra en su olor. Este, ácido y agrio, predice una experiencia desagradable con alguien del sexo opuesto.

ACOMPAÑAR

Este sueño tiene dos formas y dos interpretaciones correspondientes. Si se trata de un acompañamiento musical que proporcionamos a un canto, significa que pronto tendremos motivos para estar muy alegres. Por otra parte, si el sueño se trata de la compañía que nosotros recibimos o bien proporcionamos a alguien, entonces la interpretación es diferente. Si acompañamos a un extraño, ello quiere decir que nuestros enemigos caerán solos en sus propias trampas. Pero si a nosotros nos acompaña un extraño, entonces se pueden esperar varios eventos beneficiosos y sumamente interesantes. Si en el sueño nos acompañan nuestros amigos, debemos tener en cuenta que un cambio puede estar por ocurrir y no deberíamos oponernos a él.

ACORDEÓN

Si este instrumento está presente en el sueño, debemos tener en cuenta que el significado no radica en el instrumento en sí, sino que se encuentra en el sonido de éste. Si tal sonido nos resulta triste o inclusive lúgubre, seguramente traerá consigo tristeza, aunque no muy duradera. Por el contrario, si el sonido parece vivo y animado, entonces pronto viviremos momentos de mucha alegría en el ámbito social. Si en cambio, nosotros tocamos el instrumento en el sueño, nuestras relaciones y nuestra vida amorosa serán totalmente satisfactorias. Ver también **Música**.

16

ACRÓBATA

Varios significados se esconden detrás de esta imagen en un sueño. En principio, si observamos un número acrobático en el circo, es un signo de peligro, por lo tanto deberíamos evitar viajar largas distancias, al menos durante un tiempo. Por otra parte, si en el sueño uno mismo es el acróbata, esto anuncia que pronto nos libraremos de las dificultades que ahora nos acosan. Por último, el ver a un acróbata accidentarse es una imagen con un significado opuesto, e indica que tendremos mucha suerte y podremos sortear una situación de mucho peligro.

ACTOR, ACTRIZ

El ver o ser uno mismo un actor en el sueño tiene un significado muy directo. Indica que estamos representando un papel en la vida, y que no somos nosotros mismos. También, puede indicar nuestros deseos o ambiciones incumplidas, como a su vez demostrar cómo "actuamos" las expectativas que los demás tienen de nosotros.

ACUEDUCTO

Lo importante es si el acueducto se encuentra seco, o hay agua corriendo por él. En el primer caso, debemos estar atentos a nuevos imprevistos que podrían convertirse en desgracias. En el segundo caso, el agua presente simboliza el bienestar y la alegría en nuestra vida.

ACUSAR

Cualquier acusación claramente dirigida a uno, sugiere la llegada de diversos problemas a nuestra vida. Sin embargo, si en el sueño, uno logra defenderse o probar su inocencia, entonces podremos superar dichos problemas con nuestro propio esfuerzo. En cambio, si nosotros acusamos a alguien, el sueño representa una advertencia para que analicemos nuestra vida personal y nuestras relaciones, ya que seguramente estaremos provocando algún conflicto, o hiriendo a alguien.

ADÁN Y EVA

Si soñamos que nos encontramos con Adán o Eva, el cumplimiento de nuestros deseos se verá temporariamente demorado por futuros problemas. En ese caso, no hay que desilusionarse y aprovechar la situación para cultivar la paciencia, la que nos ayudará a superar el momento. Sin embargo, si en el sueño vemos a Adán y Eva juntos, entonces la suerte estará de nuestro lado por mucho tiempo.

ADAPTARSE

Si es usted el que se adapta a condiciones difíciles o inusuales, relájese: su futuro financiero es seguro y estable.

ADICIÓN

Si uno mismo realiza la suma, ello predice inconvenientes de índole personal. Sin embargo, si dicha operación nos resulta fácil y la realizamos correctamente, entonces tales inconvenientes nos resultarán igualmente sencillos de resolver.

ADIÓS

Si el sueño incluye una despedida en la que uno dice adiós a alguien, puede anunciar problemas de la salud. Trate de cuidarse.

ADMINISTRAR

Soñar en administrarnos nuestros propios fondos, significa que pronto recibiremos una herencia importante. Si,en cambio, administramos los fondos de alguna otra persona, ello indica que nuestros negocios mejorarán sobremanera.

ADMIRACIÓN

Cualquier clase de admiración que recibamos augura el éxito y bienestar. Sin embargo, si nosotros admiramos a alguien, ello nos advierte de que pronto tendremos ligeras dificultades.

ADOPCIÓN

Realizar o presenciar la adopción de un niño, significa que pronto llegarán a nuestra vida varios cambios de rutina que nos ayudarán a perfeccionarnos como persona.

ADORAR

El adorar personas cercanas a uno u objetos religiosos, predice la paz y la felicidad, mientras que si el objeto adorado es de naturaleza despreciable, el significado es el opuesto.

ADORNAR

Este sueño tiene un significado especial en la mujer. Si ella sueña que se adorna a sí misma con maquillaje y joyas, con el propósito de impresionar a un hombre, quiere decir que tendrá éxito en sus relaciones amorosas.

ADULTERIO

El cometer el adulterio en un sueño indica que el matrimonio se encuentra débil, aunque nos parezca lo contrario. Este sueño es muy directo y demuestra insatisfacción y deseo de cambiar la rutina.

ADVERSARIO

Varios significados se encuentran detrás de la presencia de un adversario en un sueño. Si se logra vencer al adversario, seguramente se podrá sortear un posible conflicto a llegar. Si, a diferencia, nos hacemos amigos del adversario, deberíamos aprovechar cualquier oferta de negocios que recibamos en los próximos días, ya que seguramente saldremos con ventaja de ella.

ADVERSIDAD

Soñar con estar en situaciones adversas es usualmente un signo favorable. Por lo general, augura lo contrario, es decir, el bienestar y la prosperidad.

AFECTO

La interpretación en este caso depende del nivel del afecto. Cualquier ejemplo de afecto dentro de un ambiente normal, como la familia, representa un buen presagio e indica prosperidad en las relaciones personales.

AFICIONADO

El hecho de hacer cosas por amor al arte, y no por motivos financieros tiene un significado opuesto: predice el éxito en el aspecto comercial.

AFLICCIÓN

Ciertamente, éste es un sueño con un significado contrario. Cuanto más grave sea la aflicción en el sueño, más seguro será el bienestar.

AFLUENCIA

En general, constituye un buen presagio. Cuanto más grande sea la afluencia de dinero en el sueño, más rápidamente nos recuperaremos de nuestros problemas financieros.

AFRENTA

Si en el sueño recibimos una afrenta, quiere decir que nos veremos envueltos en una situación muy embarazosa pues alguien se burlará de la ropa que llevamos.

ÁFRICA

El soñar con el continente en sí demuestra un amor por la naturaleza y la aventura. Espere lo inesperado en su vida.

AGENTE

La presencia de alguien que defiende nuestros intereses en el sueño indica que llevaremos a cabo un cambio de ambiente beneficioso.

AGNÓSTICO

Cualquier señal de escepticismo religioso de nuestra parte, nos sugiere que seamos más prudentes en la relación con el sexo opuesto.

AGONÍA

Placer, pena y dolor encierran los sueños que muestran la agonía de un individuo. Si los tenemos, debemos fijarnos si sufrimos de algún temor irreal o imaginario que nos puede estar debilitando o torturando sin sentido. Luego, debemos analizar si la agonía en el sueño se relaciona de alguna manera con el temor del que se sufre.

AGOSTO

En verano, soñar con el mes de agosto señala el éxito en nuestras actividades futuras. En invierno, este mes predice un viaje inesperado al exterior.

AGRICULTURA

Ser agricultor en el sueño, anuncia prosperidad en los negocios; mientras que ver un agricultor significa que debemos poner dedicación, especialmente en las tareas que nos encarguen.

AGUACATE

Esta presencia en un sueño indica un progreso en la vida amorosa.

AJEDREZ

Este antiguo juego, cuando está presente en nuestros sueños, constituye un mal presagio. Es posible que se entorpezcan nuestros negocios temporalmente y hasta que nuestra salud se vea perjudicada.

AJO

Soñar con ajos anuncia éxitos que nos traerán reconocimiento en el campo del deporte. Si en nuestro sueño cocinamos con ajo, es posible que recibamos una carta que por algún tiempo nos sumirá en un estado de preocupación.

AJUSTAR

Si en el sueño ajustamos algo de naturaleza mecánica, como ser el motor de un automóvil, ello indica un próximo triunfo en el ámbito de los negocios.

AIRE

La interpretación, en este caso, depende de la calidad del aire. Aire limpio y puro: señala que lograremos el éxito gracias a un camino sin obstáculos y al amor de nuestros semejantes. No se sorprenda si sus enemigos deciden reconciliarse con usted. Aire húmedo, neblinoso o contaminado, por el contrario, sugiere que deberíamos posponer todos nuestros planes o decisiones por unos días. Lo indicado es reconsiderar las opciones que tenemos, antes de actuar. La temperatura del aire también representa un factor importante.
Si el aire es frío, ello pronostica que nuestros negocios sufrirán inconvenientes y que se producirá algún conflicto en el hogar. Si el aire es caliente, sufriremos el abuso de personas cercanas, lo que nos llevará a comportarnos de igual manera con otros individuos.

ALARMA

El oír la alarma de un reloj predice la proximidad de una experiencia excitante. Si se oye una alarma de incendio, entonces la experiencia será la de ver aumentar nuestra cuenta bancaria.

ALBATROS

El ver estas aves predice el éxito a quienes se dedican al arte.

ÁLBUM

El joven que sueña que ve un álbum fotográfico, pronto tendrá un romance muy intenso.

ALCAUCIL

Comer este vegetal indica que, probablemente, nos encontramos en una situación embarazosa.

ALCOHOL

El significado se encuentra en la manera en que tomamos la bebida alcohólica. Si lo hacemos en forma moderada, lograremos el éxito gracias a la propia fuerza de voluntad y nuestro autocontrol. Si, en cambio, ingerimos la bebida en forma excesiva hasta embriagarnos, el significado es el opuesto. El deseo de llamar la atención nos puede llevar a hacer el ridículo frente a personas desconocidas y todo puede ser producto de nuestra inseguridad.

ALEACIÓN

Un sueño que involucre la mezcla o combinación de metales augura un feliz matrimonio para los individuos sin pareja o solteros, mientras que para los casados, significa el aumento de las responsabilidades familiares.

ALERGIA

El significado es bueno, cualquiera sea la característica de la alergia. Si teníamos una alergia, viviremos momentos muy felices junto a nuestros seres queridos. Si alguien tenía una alergia, todos nuestros planes se llevarán a cabo.

ALFABETO

Las letras del alfabeto en un sueño predicen buenas noticias. Sin embargo, las letras de un alfabeto extranjero, indican que pronto encontraremos la clave para solucionar un misterio que nos preocupa.

ALFOMBRA

Ver alfombras presagia que obtendremos muchas ganancias y que amigos adinerados nos ayudarán a cubrir todas nuestras necesidades. Hacer alfombras o caminar sobre ellas, vaticina gran dicha y prosperidad y ,tal vez, una noticia muy buena. Cambiar una alfombra vieja por una nueva sugiere que nos sentiremos muy insatisfechos en nuestra vida amorosa y, tal vez, optemos por hacer un cambio repentino y radical.

ALIENTO

Si el aliento era agradable o la respiración profunda significa éxito y satisfacción en nuestros esfuerzos. Por lo contrario, si el aliento era en alguna forma desagradable o la respiración dificultosa, se aconseja una visita al médico.

ALMANAQUE

Consultar el almanaque en un sueño tiene un diferente significado en el hombre que en la mujer. Para un hombre, indica un negocio beneficioso próximo a concretarse. Para la mujer, significa que debe seguir con sus obligaciones y no sacrificarlas por cualquier ambición material.

ALMEJA

Abrir almejas en un sueño predice la aparición de serios problemas que lograremos superar, únicamente, con gran determinación y mucho cuidado.

ALMENDRA

Comer almendras sabrosas indica que pronto disfrutaremos y gozaremos de un magnífico viaje al exterior. Si saboreamos las almendras en vez de comerlas rápidamente, seguramente disfrutaremos de todos nuestros emprendimientos, los cuales no sufrirán inconvenientes. Por el contrario, si el sabor de las almendras es amargo o desagradable, probablemente lo será también nuestra empresa.

ALMIRANTE

La imagen de un almirante en el sueño indica el bienestar en todos los ámbitos de la vida. Para una mujer soltera, indica que pronto será cortejada por un hombre viudo y muy pudiente.

ALPACA

Si vemos a este animal, probablemente recibamos un regalo inusual e inesperado.

ALTAR

Un centro espiritual; un lugar donde se hacen sacrificios. En su sueño, un altar puede simbolizar la necesidad de liberar algo o bien liberarse a uno mismo. La libertad que sentimos frente al altar es justamente lo que nos falta para vencer la opresión que sufrimos. También, un altar es un símbolo de renovación, ya que a través del sacrificio llegan los cambios y la posibilidad de un nuevo comienzo.

ALTERACIÓN

Cambios favorables se producirán en nuestra vida si soñamos con cualquier alteración en el hogar. Si en cambio, nuestra ropa fue la que sufrió alteraciones, debemos ser fuertes y controlar cualquier tentación que pueda causarnos un inconveniente.

ALTURA

Podríamos estar por provocar un error en nuestra vida, si en el sueño nos encontramos mirando hacia abajo desde una gran altura. Además, si debido a la gran altura no podemos respirar, estamos próximos a un enredo desconcertante con un individuo con el que no simpatizamos.

ALUMINIO

En el aspecto del metal se encuentra el significado. Si el aluminio era lustroso y brillante, se aproximan días de mucha felicidad; si nos pareció apagado, posiblemente suframos un inesperado fracaso.

AMABILIDAD

Si alguien es amable con nosotros, debemos tener cuidado porque algún enemigo o amigo falso tratará de hablar mal de uno. Sin embargo, recibiremos el amor y admiración de todos nuestros conocidos si en el sueño nos comportamos amablemente con los demás.

AMARGO

Experimentar esta sensación indica que sería conveniente pensar antes de hablar o podríamos convertir en enemigo a alguien que frustraría nuestras ambiciones.

AMATISTA

Si vemos una en el sueño nos sentiremos contentos y gozaremos de una gran paz interior. Sin embargo, si la joya se pierde, podría ocurrir un pleito en la relación amorosa, así como también la ruptura y separación.

ÁMBAR

Recibir, regalar o poseer algo hecho con ámbar predice un golpe de suerte que traerá consigo dinero o la recuperación de algo perdido.

AMBICIÓN

Nuestra ambición en un sueño denota buena suerte en todos los aspectos de la vida, especialmente en el amor, el deporte y los negocios.

AMBROSÍA

Esta comida de los dioses significa una advertencia de que reconsideremos nuestras acciones y luchemos contra una posible falta de atención que podría provocarnos un percance.

AMBULANCIA

Los detalles del sueño son clave para interpretar el significado preciso de esta imagen. Por lo general, representa una advertencia y señala un comportamiento indiscreto en la relación con el sexo opuesto. Soñar con estar dentro de una ambulancia señala, principalmente, una imprudencia al hablar o comportarse en público.

AMENAZA

Es muy común soñar con una atmósfera amenazante, sin saber exactamente de qué se trata. A veces, nos sentimos atemorizados por distintas causas (factores económicos, sentimentales, laborales), pero conscientemente no lo admitimos. Es solo en sueños que nos atrevemos a admitir que tenemos miedo.

AMÉRICA

Soñar con ir o estar en el continente, como también observarlo en el mapa, significa que encontraremos la felicidad en la familia, si ésta se mantiene unida.

AMONÍACO

Debemos tratar de evitar correr riesgos de cualquier tipo si soñamos con esta sustancia. Si además podemos oler el gas acre que ésta produce, deberíamos hacernos un chequeo médico de prevención y estar muy atentos, ya que puede indicar un exceso en la bebida o algo similar.

AMPUTACIÓN

Un sueño en el que perdemos algún miembro de nuestro cuerpo, representa un aviso de la posible pérdida de algo o alguien querido, ya sea un esposo, marido, hijo o amante. Sin embargo, puede también advertirnos de alguna situación crítica que debemos resolver cuanto antes. En general, debemos tener en cuenta que una amputación denota una condición de emergencia en la que hay que actuar expeditamente.

AMULETO

Poseer un amuleto en un sueño demuestra una leve falta de decisión; mientras que ver un amuleto denota la presencia de amigos celosos que nos pueden traicionar.

ANARQUISTA

Cualquiera que sueñe con ser anarquista debería moverse con cautela en toda operación financiera o de negocios.

ANCESTROS

Encontrarse con ancestros en un sueño indica que nos hallamos en un proceso curativo de alguna especie. Los ancestros podrían estar representados por efigies, las cuales, a su vez, podrían representar atributos, especialmente de nuestro pasado.

ANCHOAS

Comprar anchoas en un sueño seguramente traerá buena suerte. Si comemos las anchoas, su fuerte sabor indica que empezaremos a recordar momentos muy intensos de nuestra vida.

ANCLA

Un ancla es un símbolo muy fuerte y preciso. Representa la estabilidad, seguridad y firmeza y es utilizada para asegurar embarcaciones. En los sueños, una embarcación es usualmente el vehículo para navegar por el inconsciente. Una embarcación anclada, amarrada a un muelle o encallada en la costa, representa una resistencia a navegar por el inconsciente, un miedo a lo desconocido que nos lleva a aferrarnos a la seguridad (el ancla).

ANÉCDOTA

En un sueño, una anécdota que usted contó u oyó, predice algún acontecimiento social de gran importancia.

ANESTESIA

La función de la anestesia es la de calmar, adormecer y apaciguar a la persona. En un sueño, estar bajo la influencia de alguna anestesia tiene un significado bastante parecido. No indica, simplemente, que estamos adormecidos en la vida, sino que además estamos inconformes con dicha pasividad y anhelamos un cambio para convertirnos en individuos enérgicos y eficaces. Si, en cambio, vemos a otra persona anestesiada, ello indica que nos hace falta un estímulo exterior para lograr vencer el estancamiento.

ÁNGEL

Literalmente, los ángeles son mensajeros del cielo, o intermediarios con el paraíso. En los sueños, los ángeles aparecen para guiarnos o informarnos. Pueden ser mensajeros del inconsciente que exhiben y nos revelan detalles que conscientemente no detectamos en nosotros mismos.

ANILLO

Los anillos, en general, simbolizan la alianza, especialmente la matrimonial. Si una mujer casada sueña que la alianza se le cae del dedo, es un presagio de infidelidad por parte de su consorte, tal vez la influencia negativa de una mala mujer. En cambio, si una mujer sueña que su alianza se rompe, este pésimo augurio sugiere la muerte del marido. Si, por otra parte, una persona de cualquier sexo ve en sueños que el anillo que lleva puesto le oprime el dedo y le lastima, el simbolismo es claro: se siente aprisionada y atada a algo o alguien que no le conviene.

ANIMALES

Esta presencia en un sueño representa la fuerza física y primitiva del ser humano, los instintos y los impulsos sexuales. En general, los animales representan todos esos impulsos que provienen de nuestro inconsciente. En la característica del animal involucrado se encuentra la interpretación. Si se trata de un animal dócil, el sueño habla de impulsos débiles, mientras que un animal feroz simboliza lo contrario. Un buen ejemplo es el caballo y la cebra. Éstos indican la virilidad, la potencia y la fuerza del instinto. Por su parte, un conejo, simboliza la ternura y la suavidad.

ANIVERSARIO

Aniversarios de casamiento, fiestas de cumpleaños o cualquier otra celebración similar, auguran el bienestar en el hogar.

ANORMAL

El soñar con cualquier cosa que no sea normal, como por ejemplo, un avión volando hacia atrás, un hombre caminando en cuatro patas o algo similar, significa que pronto descubriremos una solución para nuestros problemas que nos resultará sumamente liberadora.

ANSIEDAD

Aunque parezca extraño, éste es un buen signo ya que indica que lograremos vencer las presiones y dificultades que sufrimos. Por lo tanto, si en el sueño sentimos ansiedad, pronto lograremos un gran alivio a nuestras presiones.

ANTENA

Si colocamos una antena significa que estamos a la espera de algún beneficio o de algún objeto que creíamos perdido.

ANTÍDOTO

Beber un antídoto para anular los efectos de algún veneno, significa que nos veremos envueltos en una situación embarazosa (el veneno) la cual queremos escapar (el antídoto).

ANTIGÜEDADES

Observar antigüedades predice felicidad en el hogar. Si las compramos, encontraremos un inconveniente en nuestras finanzas que será compensado con la llegada de una herencia. Si en el sueño vendemos antigüedades, no deberíamos pedir o prestar dinero por un tiempo.

APARICIÓN

En sueños, una aparición nos advierte que cuidemos muy bien a aquellos que dependen de nosotros, sean hijos o cualquier otro familiar, dado que necesitan de nuestra ayuda para sentirse seguros.

APARTAMENTO

Habrá que perseverar para resolver conflictos familiares si soñamos con un apartamento pequeño e incómodo. Si el apartamento es, en cambio, grande y lujoso, el sueño significa lo contrario.

APENDICITIS

Si en el sueño sufrimos de apendicitis, debemos ser más cuidadosos al contar nuestros secretos: podríamos ser víctimas de una traición.

APETITO

Quien sueñe con tener buen apetito, seguramente contará siempre con bastante alimento. Quien sueñe lo contrario, seguramente soportará un período de gran depresión.

APIO

La felicidad en el amor y la promesa de una buena salud se encuentran en un sueño que envuelva este vegetal.

APLAUSOS

El oír aplausos en un sueño augura la llegada de una herencia por parte de un pariente lejano. Si los aplausos se dirigen a uno, el sueño indica que seremos exitosos en una nueva y diferente empresa.

APRENDIZ

gozaremos de mucho éxito en los negocios y el amor si soñamos con ser aprendices de algún oficio. Si tenemos a alguien como aprendiz, se aproxima un golpe de suerte: recibiremos una importante suma de dinero.

APROBACIÓN

Un amigo traicionero se encuentra detrás de un sueño en el que aceptamos algo que, normalmente, no aprobaríamos.

APROVECHAR

Si fue uno el que se aprovechó de algo o de alguien, o alguna otra persona la que se aprovechó de nosotros, quiere decir que la prosperidad se aproxima, especialmente en el ámbito familiar.

APUESTA

Un sexto sentido nos está sugiriendo que no es buen momento para arriesgar o introducir cambios en nuestra vida. Ver a la persona amada apostando, vaticina que aparecerá un rival muy peligroso.

ÁRABE

Ver personas árabes en sus propios territorios, significa que viviremos experiencias inolvidables y, tal vez, un romance inesperado.

ARBITRAJE

Soñar con ser el árbitro entre dos grupos opuestos, predice una situación peligrosa de la que será muy difícil escapar.

ÁRBOL

Los sueños en los cuales aparecen árboles revelan conflictos relacionados con el crecimiento de problemas en el entorno familiar.

ARBUSTOS

El significado se encuentra en la acción en torno de los arbustos y no en éstos en sí. Si solamente los vemos, seguramente nos harán una propuesta que requerirá un cambio de situación o territorio. Si nosotros o alguien más se esconde detrás o debajo de los arbustos, quiere decir que por el momento no debemos tomar acción en algo que no dará los frutos que esperamos. Si los arbustos se incendian, nos enteraremos de un secreto vergonzante.

ARCA

Fuerzas positivas están actuando en nosotros y pronto tendremos beneficios inesperados.

ARCHIVOS

La presencia, utilización o consulta de cualquier clase de archivos en un sueño, predice la aparición de inesperados enredos legales.

ARCILLA

Trabajar o modelar con arcilla sugiere que lograremos acercarnos y progresaremos bastante en todas nuestras metas y objetivos.

ARCO

Esta presencia en un sueño indica que lograremos la fama y el éxito gracias a nuestro propio trabajo y determinación. Si pasamos a través de un arco, alguien que antes nos había criticado, volverá a acercarse sólo por interés y en búsqueda de su propio triunfo. Un arco derrumbado o caído señala la falta de esperanzas o la destrucción de las mismas.

ARCO (Y FLECHA)

La buena suerte dependerá de cuán bien demos en el blanco. Si acertamos un centro, nuestra suerte será total. Si erramos, en cambio, podremos esperar inconvenientes que se producirán por nuestra propia imprudencia. Si nos alcanza una flecha, debemos estar atentos a la presencia de algún traidor en nuestro círculo de amigos.

ARISTÓCRATA

Ver a uno o más aristócratas señala la existencia de un complejo de inferioridad que todavía no hemos detectado conscientemente.

ARMADURA

Vestir una armadura como la de los antiguos caballeros señala la existencia de inconvenientes financieros. Si la armadura la vemos en un castillo o museo, el sueño indica que somos individuos honorables.

ARMARIO

Un armario para ropa vacío, constituye una advertencia acerca de no contraer deudas. Por el contrario, un armario lleno augura beneficios y ganancias inusuales.

ARQUERO

Ver a un individuo utilizar el arco y la flecha indica, al soltero, la llegada de un compañero a su vida, y al casado, la presencia de tentaciones hacia nuevas actividades poco fructíferas.

ARQUITECTO

Un arquitecto desempeñando su trabajo predice el triunfo de un proyecto de complicada realización.

ARRESTAR

Si soñamos que nos arresta un oficial de la policía, quiere decir que no debemos correr riesgos, como conducir velozmente, cruzar semáforos en rojo, firmar cheques sin fondo o apostar dinero desmedidamente.

ARROGANCIA

Si experimentamos arrogancia quiere decir que obtendremos gran satisfacción en el logro de una meta en los negocios, el amor o la familia. La buena suerte con seguridad tendrá un factor importante en nuestros logros.

ARSENAL

Cualquier construcción en la cual se almacenan armas sugiere que nos vamos a enfrentar a un rival con el que no contábamos.

ARTE

Simboliza la belleza, la creatividad y la inspiración. La presencia de obras de arte en un sueño puede representar mensajes o potencial creativo oculto en el inconsciente.

ARTERIA

Una arteria cortada o débil señala el respeto que la gente nos tiene gracias a nuestra honestidad.

ÁRTICO

Esta área fría y congelada de la Tierra indica que alcanzaremos nuestras más altas ambiciones en la vida.

ARTISTA

Un artista pintando indica que estamos perdiendo el tiempo con alguna actividad que no dará los frutos que esperamos. Si somos nosotros mismos los que pintamos o dibujamos, significa que debemos cambiar nuestros planes para obtener el reconocimiento que deseamos.

ARTRITIS

Un sueño con un significado contrario. Si en un sueño sufrimos de artritis significa que contamos con una buena salud.

AS

El significado del sueño se encuentra en el tipo de as que aparece. Un as de copas se relaciona con los deseos y el amor, y sugiere el éxito en ambos. Un as de oro indica buena suerte en los asuntos de negocios y dinero, mientras que un as de palos sugiere que nos recuperaremos fácilmente de un conflicto en las relaciones de negocios. Un as de espadas, en cambio, predice tristeza y esfuerzos inhabituales en el trabajo. Si en el sueño, no podemos distinguir el tipo de as, ello indica que encontraremos un misterio que nos confundirá sobremanera y nos resultará imposible de resolver. Tener en cuenta el aviso y evitar desperdiciar energía resolviendo ese misterio, es lo mejor que podemos hacer después de soñar con un as.

ASCENSOR

Símbolo mecánico de la elevación del espíritu y el intelecto y del descenso hacia las emociones y el inconsciente. Un elevador moviéndose entre un piso y otro representa la transición entre dos diferentes estados de conciencia o identidad.

ASESINO

Si somos su víctima, probablemente fracasaremos en una empresa futura. También un asesino indica la presencia de enemigos ocultos.

ASFALTO

Ver hombres asfaltando una ruta o calle predice un viaje al exterior, posiblemente hacia el Oeste.

ASFIXIA

Este sueño puede tener un origen físico, seguramente debido a un problema respiratorio. En un caso así, lo mejor es consultar con el médico.

ASIA

La presencia de este continente significa que tendremos sorpresas agradables en el romance o en la familia.

ASILO

Los detalles del sueño son muy importantes, pero como regla general significa que alguien nos pedirá ayuda, la cual deberíamos brindar aunque no sea fácil. Soñarse a uno mismo internado en la institución, sugiere la necesidad de encontrar algún amigo confiable con el cual discutir nuestras preocupaciones más secretas.

ASMA

No tiene ningún significado si en realidad sufrimos de este mal. Para el que no sufre de ella, es una advertencia sobre alguna pérdida futura.

ASOMBRO

Una experiencia sorprendente se aproxima si nos asombramos al ver algo nuevo o al escuchar una noticia.

ASPIRINA

Tomar o dar una aspirina señala una traición o difamación por parte de alguien muy cercano.

ASTROLOGÍA

Leer un libro de astrología predice el bienestar y la felicidad gracias a una notable paciencia.

ATAÚD

Aunque es un sueño temido, su significado es positivo, ya que puede indicar el fin de una situación que nos inquieta, nos molesta o nos produce angustia. Si somos nosotros los que estamos en el ataúd, esto significa que la situación que nos ata nos crea una dependencia demasiado intensa.

ATERRIZAJE

Cualquier clase de aterrizaje o desembarco en un sueño denota el exitoso cumplimiento de una dura tarea.

ÁTICO

Estar en un ático nos sugiere que tendremos una racha de mala fortuna y descontento, aunque es muy probable que logremos superarla con facilidad.

ATLETISMO

Si soñamos con alguna actividad deportiva que regularmente practicamos, es simplemente una proyección de nuestro interés por dicha actividad. De otra manera, significa que debemos relajarnos física y mentalmente y, además, consultar al médico para un chequeo general.

ATOMIZADOR

Una mujer que sueña que se perfuma con un atomizador, puede recibir una propuesta amorosa de un hombre maduro.

ÁTOMO

Un sueño en el que vemos átomos indica que un amigo en quien confiábamos, nos está por mentir. Además, el oír hablar de átomos sugiere que vamos a pasar por un período en el que tendremos que reducir nuestros gastos.

ATROCIDAD

Como en todo sueño horroroso, cualquier atrocidad o crueldad extrema no necesariamente significa una desgracia. Generalmente, indica un cambio en nuestra vida que al principio nos puede atemorizar.

AUDIENCIA

Estar frente a una audiencia desde un escenario o plataforma predice un momento muy placentero por venir. Estar uno mismo en la audiencia indica que podremos ayudar a un amigo en un momento difícil.

AULA

Si una mujer sueña que se encuentran en un aula, posiblemente se casará con algún hombre que conoció en la infancia. Si un hombre sueña con un aula, seguramente se casará con alguna compañera del colegio.

AUSTRALIA

Soñar con este continente predice grandes cambios de rutina.

AUTOBÚS

Viajar en un autobús significa que hemos elegido un medio seguro y poco amenazante para llegar a destino. Es justamente lo opuesto a forjar nuestro propio camino por un terreno salvaje, y mucho menos directo que conducir nuestro propio automóvil a través del tránsito.

AUTÓGRAFO

Coleccionar autógrafos en un sueño significa que sacaremos gran provecho de las enseñanzas de grandes figuras de todos los tiempos. Si uno mismo es una celebridad, y alguien nos pide un autógrafo, significa que triunfaremos rápidamente en nuestro trabajo.

AUTOMÓVIL

El automóvil es usualmente un símbolo de nuestro ego. Su presencia en los sueños es muy habitual e indica que algo está mal dentro nuestro. Podría ser nuestra falta de control, nuestra ansiedad en la vida, o la falta de cuidado en general. Un automóvil abollado o dañado puede indicar una baja autoestima. Un automóvil grande, lujoso y vistoso, indica que nos movemos por la vida con una gran arrogancia y un desinterés por los demás. Un automóvil que se conduce sólo con las ruedas girando sin parar y en ninguna dirección particular, sugiere un estado de impotencia en la vida o la sensación de estar atascado en un lugar. Los automóviles fuera de control son un signo de estrés y ansiedad y, generalmente aparecen durante momentos difíciles o intensos en la vida, como por ejemplo, un casamiento, divorcio o durante una enfermedad.

AUTOPSIA

Soñar con que examinamos un cuerpo después de un asesinato, predice una experiencia fascinante.

AUTOR

Conocer a un autor significa que tendremos prestigio en el ambiente laboral y que nuestros intereses e intelecto irán aumentando poco a poco. Si uno mismo es el autor, un mal período económico se aproxima.

AUXILIAR, AUXILIO

Recibir auxilio anuncia que tendremos problemas para los cuales deberíamos pedir ayuda. Si nosotros auxiliamos a alguien, seguramente triunfaremos sin la ayuda de otros.

AVALANCHA

Observar una avalancha en un sueño indica la presencia de grandes obstáculos por los cuales deberíamos idear un nuevo plan de acción. Si nos entierra una avalancha seguramente tendremos una racha de buena suerte.

AVENTURA

Soñar con una aventura indica el deseo de viajar, ver cosas nuevas, y conocer gente distinta. Principalmente, el significado de la aventura en el sueño se encuentra en la sensación de tal aventura y no en los detalles de ésta. Por lo tanto, si soñamos con una aventura excitante, seguramente viviremos pronto una experiencia similar.

AVENTURERA

En el sueño de un hombre, una mujer como ésta tiene un significado negativo y no predice nada bueno para él. Seguramente, debería mantenerse alejado de mujeres con esta característica.

AVENTURERO

Para una mujer, soñar con esta clase de hombre predice que pronto se cruzará con un hombre muy atractivo, pero con el cual deberá tener precaución si se relaciona con él.

AVES

Las aves simbolizan principalmente la libertad,

así como también el alma y los estados más altos de conciencia. En la mitología, las aves son las mensajeras de los dioses. En general, las aves son símbolos solares y representan lo masculino. Esencialmente, soñar con aves es un buen presagio, especialmente si son de hermosos colores, si están cantando o volando. Un pájaro muerto o herido, en cambio, es una clara indicación de problemas venideros. Huevos de pájaro en un nido presagian afluencia de dinero.

AVIADOR

Soñar con la presencia de un aviador augura un ascenso en nuestra posición social.

AVIÓN

Si uno mismo es el piloto del avión, significa que poseemos pleno control de nosotros mismos. Seguramente, nos encontramos satisfechos en varios aspectos de la vida. Si somos pasajeros, significa que nuestros ingresos están por aumentar. Sin embargo, caer de un avión en vuelo trae consigo varios meses de adversidad. Si en el sueño uno simplemente ve un avión, ello indica la necesidad de buscar nuevas experiencias y explorar otros rumbos. Tenga en cuenta que cualquier oportunidad trae consigo nuevos riesgos. Utilice su energía y planee un buen sistema de acción.

Por otra parte, si en el sueño los aviones arrojan bombas, significa que recibiremos noticias que nos perturbarán. Si vuelan en formación, los negocios se tornarán difíciles.

B

BACKGAMMON

Jugar a este juego en su sueño puede tener dos significados. Si ganamos, podemos esperar una herencia en el futuro próximo o un valiosísimo regalo. Si perdemos, debemos preocuparnos en descubrir a un socio tramposo.

BAHÍA

Soñar que se observa una bahía desde las alturas, predice viajes.

BAILE

Anuncio de felicidad si la ocasión parece agradable y placentera. Sin embargo, si se trata de un baile de disfraces, estamos siendo advertidos sobre la existencia de falsos amigos. Bailar solo, implica distancia emocional del ser querido.

BALA

El zumbido de una bala disparada con una pistola u otra arma nos advierte acerca de un grave peligro al que estamos expuestos sin saberlo. Encontrar una bala señala un complot que alguien ha tramado en contra nuestra. Si nos alcanza una bala en el sueño, debemos acudir al médico para prevenir cualquier enfermedad que podría ser desastrosa.

BALAUSTRADA

Si soñamos con deslizarnos de arriba a abajo por una balaustrada, es seguro que nos esperan inconvenientes económicos. En cambio, trepar hacia arriba de cualquier manera, anuncia un enorme esfuerzo antes de lograr nuestras metas.

BALCÓN

Este puede ser considerado básicamente como un sueño de obstáculos, que pueden superarse si se mantiene la calma. Si el balcón luce peligroso o se derrumba, es seguro que estamos por recibir malas noticias.

Si soñamos con despedirnos de nuestra persona amada desde un balcón, una larga separación nos espera, tal vez la separación final.

BALLET

Este sueño indica infidelidad en el matrimonio, fracasos en cuestiones de negocios y disenso y celos entre los que amamos.

BALÓN

Este sueño tiene relación con la infancia, con cosas que aún no han sido resueltas o decididas, el equivalente de una pelota siendo pateada de un lado al otro.

BANANA

Comida en un sueño, esta fruta presagia enfermedad. Verla crecer, significa descubrir que algún amigo es una persona superficial. La presencia de bananas podridas indica que seremos decepcionados por alguien cercano.

BANCARROTA

Un sueño contradictorio. Si involucra nuestra propia bancarrota, es seguro que pronto prosperaremos.

BANCO

Un sueño muy directo. Un banco vacío indica pérdidas de dinero. Un cajero pagando dinero en un banco advierte acerca de descuidos en cuestiones de negocios, a menos que sea uno mismo quien recibe o deposita el dinero, en cuyo caso podemos esperar cierta forma de fortuna.

BANDIDO

Si en el sueño uno es la víctima de un bandido, tendremos problemas digestivos. Si en cambio, el bandido es uno, es seguro que muy pronto deberemos disculparnos por algo.

BANJO

Esta presencia sugiere la llegada de momentos muy alegres que romperán con la rutina.

BANQUETE

Es de buen augurio soñar acerca de uno mismo rodeado de elegantes invitados, degustando costosos manjares y tomando vinos añejos. Esto anuncia grandes negocios de toda naturaleza, felicidad y armonía entre familiares y amigos. Si por el contrario, en el sueño vemos caras tristes y asientos vacíos, esto anuncia graves malentendidos.

BAÑO

Las personas jóvenes y solteras que sueñan con tomar un baño, deberían ser precavidas con el abuso del alcohol. Una mujer embarazada que sueña que toma un baño, generalmente termina abortando. Para un hombre, este sueño significa la tentación del adulterio. Aquellos que sueñen con bañarse junto con otras personas, están siendo advertidos de evitar compañías frívolas e inmorales. Bañarse en agua turbia o fangosa, predice calumnias de nuestros enemigos. Bañarse en el mar anuncia prosperidad. Un baño caliente anuncia lo contrario.

BAR

Un bar que aparece en nuestros sueños nos advierte sobre las tentaciones de la vida, aunque también predice éxito social y profesional. Si uno es el barman, esto señala un espíritu servicial y una tendencia a ayudar a nuestros amigos en todo lo que esté a nuestro alcance.

BARAJA

Jugar a la baraja en sueños augura un viaje al extranjero y predice que seremos muy afortunados. Si ganamos, probablemente tendremos problemas con nuestra pareja. Si perdemos, haremos buenos negocios, aunque algo distantes. Ver a otro jugar a la baraja, anuncia que sostendremos reyertas con algunas amistades.

BARBA

Los sueños en los que aparece gente con barba, revelan que nos encontramos en una situación de necesidad espiritual, ya que la barba representa la sabiduría de la edad. Afeitarse la barba significa que ha llegado el momento de lanzarse a la acción. Si el soñante es mujer, el crecimiento de la barba significará una disminución de su femineidad.

BÁRBAROS

Un sueño en el que nos relacionamos con gente salvaje es un buen presagio, siempre y cuando ellos no nos atemoricen. Sin embargo, si ellos nos persiguen o nos capturan, posiblemente tengamos leves problemas.

BARCO

Se trata de un símbolo arquetípico que indica un viaje a través de las aguas del inconsciente. Si tenemos el control del barco, significa que tenemos también el control de nosotros mismos. Si el barco llega felizmente a puerto, es signo de realización y prosperidad. Si naufraga, también lo harán nuestras ilusiones. Cuando no navega por el agua sino que, inexplicablemente, se desliza por la tierra, significa que hemos equivocado el camino.

BARRANCO

Anuncio de dificultades y obstáculos que nos presentará la vida. Caer en el barranco, indica que tenemos muchas posibilidades de fracasar en el intento de superar los problemas.

BARRERA

Puertas cerradas, paredes, cercas, vallas y otras barreras predicen un impedimento que nos hará fracasar en nuestros planes.

BARRIGA

Ver **Abdomen**.

BARRIL

Si está lleno, disfrutaremos de un gran bienestar. Si está vacío, posiblemente suframos una leve estrechez monetaria.

BARRO

Si se trata de arcilla, con la cual es posible crear diferentes formas y figuras, el barro alude a la creación. Si, en cambio, se trata de una sustancia sucia y desagradable, es un indicio de que seremos presa fácil de las bajas pasiones.

BASURA

Aunque parezca extraño, soñar con basura es un muy buen presagio. Seguramente, tendremos un futuro muy exitoso.

BATALLA

Soñar con batallas o peleas es una advertencia instintiva de conflictos internos acerca de decisiones o elecciones a tomar. Soñar con ganar una batalla, presagia éxito en cuestiones de amor.

BATERÍA

Si soñamos que la batería de nuestro automóvil se descarga, es posible que un amigo querido tenga un accidente grave.

BAUTISMO

El agua del bautismo puede simbolizar la necesidad de purificación.

BEBÉ

Los bebés simbolizan un renacimiento en uno, la llegada de nuevas posibilidades o un estado de inocencia y pureza. Los sueños de bebés son muy frecuentes durante el embarazo, no sólo en la mujer, sino también en su pareja. Un bebé llorando es una indicación de alguna enfermedad, mientras que un bebé herido señala el miedo a la paternidad o maternidad.

BEBIDA

Soñar con tomar bebidas alcohólicas predice futuras tareas de gran intelectualidad.

BÉISBOL

Un partido de béisbol en un sueño nos asegura el bienestar, además de indicar que seremos buenos compañeros en cualquier trabajo de equipo.

BELLEZA

Un muy buen signo. Predice el éxito en el amor y los negocios.

BELLOTA

Si este elemento aparece en el sueño, la buena suerte se encuentra próxima a uno. En general, constituyen muy buen signo y predicen un buen resultado a todos nuestros problemas. Además, son un presagio de buena salud y abundancia en general. El individuo soltero, probablemente tendrá un matrimonio exitoso y una familia numerosa y saludable. A una mujer casada le predice el posible nacimiento de gemelos, mientras que a los amantes les sugiere su felicidad y su satisfacción.

BENDICIÓN

Recibir la bendición de un religioso implica que nuestros problemas serán, en adelante, menos dolorosos. Si somos nosotros los que damos la bendición, tendremos que luchar a brazo partido para vencer los obstáculos que otros pondrán en nuestro camino.

BESTIAS

Vistos en un sueño, los animales inusuales o mitológicos prenuncian dificultades y problemas que nos preocuparán sobremanera. Sin embargo, ji logramos combatir y alejar a dichas bestias, seguramente superaremos los inconvenientes sin mucho esfuerzo.

BIBLIA

Soñar que leemos la Biblia indica que se nos presentarán problemas familiares. Si se trata de una Biblia pesada, que apenas podemos cargar, es señal de que estamos agobiados ante las responsabilidades que se nos imponen. Si, en cambio, soñamos que dudamos de las enseñanzas de la Biblia, esto denota que sucumbiremos ante alguna tentación.

BICICLETA

Una bicicleta en movimiento simboliza el desarollo rítmico de la vida. Andar en bicicleta es un sueño típico de la pubertad y adolescencia. Caerse de la bicicleta puede predecir un accidente, así como también la pérdida temporal de un trabajo.

BIGAMIA

Si un hombre comete bigamia en un sueño, sufrirá pérdida de virilidad y un debilitamiento de su mentalidad. A una mujer este sueño le indica que sea más discreta para evitar su propia deshonra.

BIGOTE

Soñar con un bigote, nuestro o de alguien, significa que no debemos dejar que una leve preocupación o irritación se convierta en una verdadera pesadilla y un gran dolor de cabeza. Soñar que nos afeitamos el bigote predice una mala experiencia sexual, pero igualmente no debemos deprimirnos, ya que pronto encontraremos una mejor pareja y lograremos el amor.

BILIS

Amargura, rabia, agresividad, odio. También puede ser signo de depresión.

BILLAR

Este juego predice un desastre inminente. Seguro que, se producirán pleitos legales con relación a nuestras propiedades. Es probable que el soñante sea calumniado. Una mesa de billar con las bolas quietas significa que falsas amistades se están complotando en contra nuestro.

BLASFEMIA

La blasfemia revela la presencia de un enemigo que oculto tras la apariencia de la amistad nos causará momentos de gran vergüenza. Si los blasfemos somos nosotros mismos, se avecina la mala fortuna. Si en cambio, nosotros somos víctimas de la blasfemia, un gran alivio económico se avecina.

BOCA

Soñar con una boca bien abierta es una advertencia acerca de estar usando demasiado la propia. Debemos tratar de escuchar a los demás. Una pequeña boca anuncia un alivio financiero, y una grande, un nuevo amigo.

BOLOS

Generalmente un sueño de fortuna, especialmente si el que juega es uno mismo.

BOLSO

Una bolsa o bolso es algo que contiene emociones, secretos, represiones, esperanzas, sueños, deseos, etc. En general, un bolso denota secretos, no importa cuál sea su contenido. Abrirlo y liberar su contenido puede tener serias consecuencias, como abrir la caja de Pandora. Empacar un bolso puede significar poner en orden nuestra vida emocional. Guardar algo en un bolso, implica la resistencia a enfrentar un problema o situación.

BOMBAS

Habrá infortunio y decepción. El matrimonio será desdichado. Deberemos cuidarnos de ataques de enemigos conocidos y extraños.

BOOMERANG

Si soñamos con arrojar un boomerang y éste regresa y nos golpea, es una clara advertencia acerca de hacer declaraciones irreflexivas e irresponsables.

BORRACHERA/EMBRIAGUEZ

Si la intoxicación la presentábamos nosotros mismos, ello representa una advertencia sobre nuestra calidad de vida, la cual nos puede llevar a la destrucción. Calma, !debemos andar despacio por la vida! Si, en cambio, son otros, el sueño no tiene un gran significado, tal vez, nos advierte acerca de una pequeña deuda que, aunque nadie nos lo pida, ya es hora de pagar.

BOSQUE

Ver un bosque representa enfrentarse a situaciones inciertas. También, es indicio de que habrá un cambio natural en nuestros asuntos. Perderse en un bosque quiere decir que nuestra suerte será segura.

BOTAS

Si vemos a otro con un par de botas, nuestro lugar en los afectos de un ser querido será usurpado. Si somos nosotros los que lucimos un par de botas nuevas y relucientes, tendremos fortuna en los negocios. Si en cambio, las botas están gastadas, se avecinan problemas de salud.

BOTELLA

Es una buena señal soñar con una botella llena de líquido transparente. Tendremos éxito en el amor y prosperidad en los negocios. Si la botella está vacía, enfrentaremos un desastre.

BOXEO

Un sueño que envuelva una pelea de boxeo nos advierte que no repitamos nuestros secretos, ya que podríamos perder una excelente oportunidad que se nos aproxima.

BRAZALETE

Cualquiera que sea nuestro actual interés, la presencia de un brazalete indica buena suerte. Sin embargo, si perdemos un brazalete o éste se rompe, debemos estar preparados para decepcionarnos en el amor o los negocios.

BRAZO

Indica la existencia de problemas debidos a la intromisión de ajenos en el matrimonio. Debemos tener cuidado de no ser traicionados por aquellos amigos o allegados.

BRONCE

Advierte que fracasaremos en nuestros esfuerzos por conseguir el amor de la persona amada.

BRÚJULA

Atravesando un período de complicaciones domésticas y financieras después de un sueño en el que veíamos o utilizábamos una brújula, a menos que la aguja apuntara hacia el Norte, en cuyo caso lograremos el éxito si seguimos perseverando.

BÚFALO

Obtendremos grandes beneficios después de un sueño en el que vemos a este animal. Si lo matamos o lo herimos, deberemos considerar muy bien toda oferta que nos hagan antes de aceptarla.

BURBUJAS

Nuestras preocupaciones inmediatas se esfumarán como por arte de magia si vemos burbujas en nuestro sueño. En cambio, si somos nosotros los que las hacíamos, estamos siendo prevenidos contra nuestra propia extravagancia. Seamos más realistas en nuestra actitud hacia el dinero.

CABALLERO

Soñar con un caballero, un hombre de buenos modales y un espíritu amable, un hombre diferente del resto, predice una invitación a la ópera, un concierto u otro entretenimiento por parte de alguien a quien no conocemos muy bien, pero por quien sentimos una gran admiración.

CABALLO

Un signo arquetípico que, en sueños, usualmente representa el cuerpo humano. En la mitología, el caballo representa la naturaleza animal del ser humano, los instintos, la psiquis y el inconsciente. De este modo, el caballo representa el instinto animal en el cuerpo humano. Un sueño en el que un caballo se lastima o muere constituye una advertencia acerca de una posible enfermedad terminal. Una muy buena señal es soñar con un potro bravío, especialmente si junto a él aparece una yegua. Verlos juntos es señal de salud, armonía y felicidad; verlos correr es signo de un rápido triunfo en los negocios y el amor. Ver también **ANIMALES.**

CABAÑA

Una pequeña cabaña en la playa o en el bosque representa un muy buen presagio, especialmente para las amas de casa.

CACAREAR

Oír el cacareo de gallinas predice la muerte inesperada y poco comprensible de algún vecino.

CACTUS

Soñar que uno es arrojado sobre un montón de cactus predice una variedad de eventos fastidiosos. Ver un cactus en flor, en cambio, anuncia una racha de buena suerte. Transplantar un cactus predice que andaremos de mal en peor; mientras que dar un cactus a un amigo vaticina una pelea o discusión.

CADENAS

Las cadenas pueden tener asociaciones positivas

y negativas. Dentro de las asociaciones negativas se encuentran la esclavitud y el encarcelamiento (a lugares, personas, trabajos, situaciones, creencias, sueños, adicciones, etc.). Asociaciones positivas son, en cambio, anclar, atar y comunicar. En el plano material, las cadenas son un símbolo del matrimonio y las relaciones familiares. En el plano espiritual, las cadenas simbolizan el matrimonio entre el cielo y la tierra. En general, simbolizan cualquier encadenamiento de eventos de una manera particular.

CAFÉ
Si en el sueño molemos café, éste es un augurio extraordinario de felicidad hogareña. Si, en cambio, derramamos café sin querer nos encontraremos ante una larga serie de pequeñas decepciones.

CAIMÁN
Denota un enemigo muy astuto. Debemos tener cuidado y evitar toda situación de peligro.

CAJA
Si soñamos que abrimos una caja y buscamos algo en ella y no podemos encontrarlo, es indicio certero de que tendremos problemas de dinero. Una caja fuerte es indicio de que estaremos libres de inquietudes en los negocios y en el amor.

CALABAZA
Soñar con una calabaza equivale a abrigar esperanzas vanas, pero también indica la curación de alguna enfermedad.

CALAVERA
Una calavera presente en un sueño indica que accidentalmente descubriremos un secreto del cual preferiríamos no enterarnos. En tal caso deberíamos ser extremadamente cuidadosos en nuestra reacción hacia él, ya que ello podría afectar nuestro futuro.

CALDO

Nuestros amigos serán sinceros y nos respaldarán en todas las circunstancias, inclusive económicas, si soñamos que bebemos caldo. Para los amantes, promete un rápido matrimonio y una unión verdadera. Derramar caldo en la ropa anticipa que recibiremos grandes honores. Dar caldo a un enfermo vaticina abundancia de dinero.

CALENDARIO

Un sueño en el que marcamos o tachamos cosas en el calendario significa, por lo general, que pronto tendremos muchos menos asuntos por que preocuparnos.

CALLEJÓN

Probablemente tendremos un conflicto con nuestro amante si soñamos que caminamos por un callejón oscuro. Si alguien nos persigue por dicho callejón, debemos tratar de cuidarnos porque seguramente alguien tratará de hundirnos. Llegar al final de un callejón sin salida predice el fracaso de un proyecto importante.

CALMA

Un sueño de significado contrario. Podemos esperar una época de actividad frenética si soñamos con un ambiente de calma y paz.

CALVICIE

Es necesario estar en guardia contra la posibilidad de ser traicionados por alguien de nuestra confianza si soñamos con la calvicie de otros. En cambio, soñar con nuestra propia calvicie es una advertencia acerca de nuestra propia salud y la necesidad de hacernos un chequeo médico.

CAMA

Representa las relaciones sexuales, la intimidad y el matrimonio. El tamaño de la cama tiene inmediata relación con la importancia que le otorgamos a la sexualidad en nuestras vidas. Una cama inmensa indica una preocupación obsesiva por el sexo, mientras que una pequeña refleja desinterés. Si está ordenada, denota armonía sexual con la pareja, mientras que desordenada expresa lo contrario. Una cama grande al lado de otra pequeña presagia separación. En la oscuridad, puede significar una advertencia de enfermedad. Vacía, es una alusión a la posible muerte de alguien.

CAMALEÓN

Si esta pequeña criatura aparece en nuestros sueños, en la vigilia deberemos ser cautelosos con extraños.

CÁMARA

Este sueño constituye una advertencia. Si soñamos con una cámara es probable que lenguas chismosas se estén ocupando de nosotros. Si se trata de una cámara fotográfica es probable que seamos capaces de vencer el escándalo, pero si hablamos de una filmadora esto será mucho más difícil. Soñar con tomar fotos de desnudos es augurio de desgracia.

CAMARERA

Este sueño alude a la actividad sexual y sugiere ser más selectivos en la elección de nuestros placeres. Si en cambio, es una mujer la que sueña que ella es camarera, esto denota que será atraída por hombres de baja reputación.

CAMAROTE

Si soñamos que nos encontramos en el camarote de un barco, significa que se nos aproxima un problema legal, seguramente con algún socio o cualquier otra persona cercana a nosotros. En este caso debemos permanecer alejados de cualquier polémica que se cree a nuestro alrededor.

CAMELLO

Tendremos que trabajar dura y diligentemente para sortear obstáculos si en nuestro sueño aparecen uno o más camellos, a menos que lo veamos transportando una carga, en cuyo caso esto prenuncia prosperidad en forma de una herencia. Si soñamos que estamos montando un camello, nuestro futuro es inmejorable.

CAMINO

Las condiciones del camino permiten comprender el mensaje del sueño. Un camino fácil, abierto y tranquilo refleja un estado de ánimo diferente que si se trata de uno empinado, abrupto y rocoso. Si el camino transcurre por territorio desconocido y atemorizante, obviamente esto simboliza temor e incertidumbre acerca de la dirección que toma nuestra propia vida. Los caminos sin salida indican exactamente eso: sentirnos atrapados, habernos equivocado. Los caminos conocidos, rodeados de un ambiente familiar, ya sea del pasado o del presente, tienen asociaciones muy personales que reflejan distintos períodos de nuestra vida.

CAMPAMENTO

En general, un buen presagio. Indica un cambio beneficioso de ocupación o vivienda, y si se trata de un campamento militar, el augurio es de éxito en los negocios.

CAMPANA

Si durante un sueño escuchamos una sola campanada, probablemente recibamos malas noticias. Pero si el sonido es un triunfal tañir de campanas, las noticias serán auspiciosas.

CAMPANADA

Un sonido agradable y entonado predice buenos momentos por venir. Sin embargo, si el sonido es disonante, el significado es el contrario y seguramente nos espera una época de duro trabajo sin ninguna alegría.

CAMPEÓN

Si soñamos con un campeón de cualquier disciplina, probablemente ganaremos la amistad de una persona a la cual admiramos mucho. Por otra parte, ser uno mismo el campeón anuncia ganancias financieras. Por último, soñar que nuestro equipo resulta campeón, indica un pequeño éxito en los negocios.

CAMPO

Ver un campo indica que anhelamos nuevos horizontes, otras perspectivas. Sugiere la necesidad de escapar de situaciones represivas, la necesidad de emanciparse.

CANAL

Generalmente este sueño alude a la seguridad futura. Si el canal estaba lleno de agua, el porvenir es bueno. Si estaba vacio o casi, esto nos sugiere terminar con nuestra extravagancia. Nadar en un canal, es un presagio de decepciones en el amor.

CANARIO

Si soñamos con el canto de un canario, esto nos está anunciando nuestro matrimonio y una casa confortable. Denota que nuestra pareja será tierna y cariñosa con nosotros. Si una mujer casada sueña que ve dos canarios en una jaula, esto pronostica que tendrá mellizos.

CANASTA

Cargar comida en una canasta predice que tendremos nuevas oportunidades en la vida. Si sabemos aprovecharlas, subiremos muy alto en nuestro trabajo. Una canasta vacía predice decepciones.

CÁNCER

Soñar con esta enfermedad no indica que la padezcamos o vayamos a padecerla. Se trata de una manifestación de ansiedad frente a un problema que nos llena de miedo.

CANDELABRO

Ver un candelabro con una vela promete un futuro brillante, colmado de salud, felicidad y amistades. Ver un candelabro vacío augura que se avecina una catástrofe.

CANELA

Si en un sueño utilizamos esta agradable especia correctamente, el presagio es de éxito en el ámbito social. Sin embargo, si la utilizamos de manera inapropiada, significa que tendremos una desilusión con algún amigo o conocido.

CANIBALISMO

Simbólicamente comer carne humana equivale a ingerir la fuerza vital de otra persona. En la antigüedad, los guerreros comían el cuerpo de sus enemigos para apropiarse de sus virtudes. Soñar que comemos carne humana, por lo tanto, pone en evidencia nuestro deseo de incorporar alguna característica de nuestra víctima.

CANOA

Si soñamos con remar en una canoa esto indica que asumiremos responsabilidad total por todo lo que suceda y lograremos absoluto autocontrol. Si la canoa se desliza por un arroyo tranquilo, esto es indicio de que confiamos en nuestra propia habilidad para manejar nuestros intereses. Si la canoa se desliza por aguas poco profundas y rápidas, lo que este sueño indica es un apresurado noviazgo o placeres efímeros. Ver una canoa vacía a la deriva significa que no sabemos hacia dónde vamos. Remar con el ser amado es anuncio de matrimonio inminente y fidelidad. Si la canoa se vuelca, estamos ante la advertencia de que un enemigo pretende nuestra ruina.

CANTO

Oír cantar en sueños es señal de que poseemos un espíritu alegre. Si la voz es la de un hombre, simboliza la esperanza, si es la de una mujer, puede ser anuncio de padecimientos. Si se trata de una canción obscena, anuncia desperdicio de dinero o esfuerzos.

CAÑA

Si en nuestro sueño vemos una caña de cualquier tipo, obtendremos beneficios materiales, pero si la caña está siendo cortada, es preferible no especular en cuestiones de dinero por lo menos durante un mes. Ser castigado o castigar a alguien con una caña advierte claramente que debemos posponer cualquier cambio que tengamos programado.

CAÑÓN

Logros inusuales nos esperan si vemos u oímos el sonido de un cañón en nuestros sueños.

CAPA

Una capa presente en un sueño significa que estamos protegidos contra las malas influencias.

CAPITÁN

Para un hombre, este sueño augura un incremento en su estatus. A una mujer le advierte acerca de amigas celosas.

CÁPSULA

Exito con el sexo opuesto es lo que predicen todos los sueños concernientes a objetos con forma de cápsula.

CARAMELO

Ya sea que lo hayamos preparado, comido, o recibido, es un signo de que muy pronto seremos felices aunque en este momento nos cueste creerlo. Hay sin embargo una excepción a esta generalidad: si el caramelo estaba pegajoso, el sueño nos está insinuando que no nos involucremos en asuntos ajenos: no hay que ayudar a quien no nos lo pide.

CARBÓN

Fuente de energía, riqueza potencial. Ascenso en el trabajo.

CARGA

Llevar una gran carga, ya sea material o espiritual, es un sueño que predice serias responsabilidades. Seguramente alguien violará nuestros derechos hacia alguna propiedad y nos veremos envueltos en un asunto muy difícil de resolver.

CARNADA

Ya sean lombrices, gusanos o cualquier otra forma animal usada como carnada, este sueño está presagiando una intensa preocupación por la enfermedad de un ser querido.

CARNE (DE VACA)

Este no es un sueño muy auspicioso, especialmente si la carne estaba cruda y sangrante. Predice desórdenes internos para las mujeres y es una advertencia acerca del cuidado que debemos tener con cortes y lastimaduras. Carne cocida tiene un mejor significado, pero igualmente augura problemas matrimoniales.

CARNICERO

Debemos tener precaución al firmar cualquier documento importante si soñamos con un carnicero o una carnicería. Si en el sueño lo vemos matando animales o cortando carne indica la necesidad de hacernos un chequeo médico.

CARPINTERO

Este es uno de los símbolos más felices con los cuales se puede soñar. Depara amor, respeto, placer y bienestar.

CARRUAJE

Soñar con viajar en un carruaje tirado por caballos, es una imagen de significado opuesto ya que no indica lujo ni opulencia, sino todo lo contrario.

CARRUSEL

Sensación de estar dando vueltas en círculos sin avanzar. También, miedo de salirse del terreno conocido y explorar qué hay más allá. Personalidad infantil e insegura.

CARTA

El significado de este sueño depende mucho del contenido. Si soñamos que recibimos buenas noticias por medio de una carta, nuestro futuro será claro y seguro; pero si la carta contiene información decepcionante o negativa, el sueño predice un conflicto cercano. Cualquier clase de cartas rutinarias o sin importancia denotan la necesidad de economizar nuestros recursos durante una etapa de escasez. Soñar que escribimos una carta de amor denota nuestro arrepentimiento sobre un tonto e inprudente romance. Si, en cambio, en el sueño destruíamos una carta sin abrirla, ello indica nuestra necesidad de enmendar alguna injusticia que hayamos cometido en el pasado. Por otra parte, leer una carta dirigida a otra persona predice una leve pérdida de dinero; pero soñar con enviar una carta augura excelentes noticias, aunque inesperadas. Un montón de cartas de amor juntas sugiere que lograremos la paz interior una vez que hayamos librado nuestra mente de un gran secreto que nos crea una intensa culpa. Buscar una carta en un archivo indica que toda nuestra situación actual mejorará; mientras que encontrar una carta escrita con tinta de brillantes colores anticipa un gran conflicto doméstico. Esconder una carta, por su parte, representa una advertencia acerca de la existencia de algún traidor en nuestro círculo de amigos.

CASCADA

Felicidad, abundancia, vida interesante y variada.

CASPA

Ver caspa sobre el abrigo, cuello, o camisa de alguna persona, predice malentendidos y nos sugiere que vayamos por el camino seguro y que seamos rectos en nuestras acciones.

CASTAÑUELAS

El sonido de este instrumento en sueños significa disturbios físicos. No deje de consultar con su médico.

CASTILLO

Ver un castillo anuncia el inicio de una relación amorosa muy beneficiosa. Si soñamos que residimos en un castillo disfrutaremos de una vida estable y económicamente desahogada. Si el castillo está en ruinas, simboliza relaciones rotas, nostalgias por el pasado, amores truncados. Entrar en un castillo indica que estamos muy enamorados.

CASTOR

Este animal laborioso es un símbolo de nuestro bienestar, producido gracias a nuestro propio esfuerzo. Si matamos al animal o lo herimos, significa que estamos ignorando algún consejo que podría sernos útil.

CASTRACIÓN

Denota un sentimiento de culpa con respecto al sexo, puede simbolizar también el conficto entre lo femenino y lo masculino. Cuando aparece en los sueños de un hombre viejo, puede aludir a la disminución de su potencia sexual. En períodos de depresión intensa, la imagen de la castración expresa pérdida de energía. En un hombre joven puede significar competencia con la mujer en algún terreno, por ejemplo, el laboral.

CATÁLOGO

Estudiar un catálogo en un sueño significa que recibiremos una carta con buenas noticias. Soñar con comprar algo por medio de un catálogo significa que recibiremos una importante suma de dinero.

CATAMARÁN

Soñar que navegamos en un catamarán predice buena suerte en los negocios, a menos que la embarcación vuelque, en cuyo caso, sufriremos inconvenientes.

CATARRO

Este es un sueño favorable para aquellos que están enamorados. Cuanto más suframos el síntoma, mejor es el augurio.

CATÁSTROFE

Un cambio radical se aproxima si soñamos que somos testigos de cualquier catástrofe. Si participamos y salimos ilesos, dicho cambio será favorable. De lo contrario, lo más aconsejable es permanecer alejado de cualquier peligro en el próximo año.

CAUTIVO

Un sueño que involucre cautividad sugiere tensión y agotamiento. Quien sueña con estar cautivo seguramente tendrá un matrimonio desdichado y será víctima de la traición. Si fuera el sueño de una mujer, anuncia que tendrá un marido celoso.

CAVAR

Si soñamos que estamos cavando, nuestra vida será fácil y no habrá necesidades. Si al cavar encontramos algún material resplandeciente, eso está insinuando un vuelco favorable en nuestra fortuna. Si nos vemos cavando en una zona envuelta en niebla, éste es un presentimiento de infortunios. Si cavamos un pozo que se llena de agua, es que a pesar de nuestros esfuerzos las cosas no se inclinarán a nuestro favor.

CAVERNA

Simboliza el útero y a las fuerzas del inconsciente. En la mitología, las cavernas representan el útero de la Gran Madre Naturaleza de la que emanan las fuerzas de la vida. Un sueño con cavernas es muy común durante el embarazo, ya que aluden a la preñez y el nacimiento. Salir de una caverna auncia un renacimiento, mientras que entrar en una, sumergirse en las profundidades del inconsciente. Vivir en una caverna puede indicar la gestación de un nuevo Yo.

CEMENTERIO

En un sueño, un cementerio puede reflejar un momento de incertidumbre y de dudas personales ocasionadas por la necesidad de hacer un cambio en nuestras vidas y no constituye motivo de alarma. Soñar con un cementerio en forma recurrente, en cambio, denota una seria alteración emocional que debe ser tenida en cuenta.

CEMENTO

Usar cemento para pegar ladrillos, piedras o porcelana indica que mantendremos nuestra actual posición y que además recibiremos un aumento de nuestra remuneración.

CENIZAS

En general, simbolizan un renacimiento. Representan la vida después de algún contratiempo o devastación. Indican que todo lo viejo ha sido quemado para dar lugar a una nueva vida o a un renacimiento.

CERDO

Descuidado, desalineado, desaseado. También, ver cerdos en un sueño sugiere que el soñante se interesa sólo en bienes terrenales y que deberá ser más espiritual y recordar que la codicia es pecado.

CEREBRO

Soñar con cerebros humanos sugiere que debemos tener más consideración por aquellos que amamos. Si vemos cerebros de animales quiere decir que recibiremos buenas noticias provenientes de lugares inesperados.

CEREMONIA

Ya sea que la ceremonia fuera civil o religiosa, el sueño nos indica que nuestros amigos son de confiar.

CERVEZA

Es un buen vaticinio soñar con derramar o beber cerveza, especialmente si ésta tiene mucha espuma. Un jarro lleno de cerveza prenuncia felicidad en la familia. Si por el contrario, la cerveza está turbia, sin espuma y sin fuerza, esto indica próximas decepciones en el amor y los negocios.

CERROJO

Con este sueño podemos esperar que formidables obstáculos se interpongan en nuestro camino. Si somos encerrados con cerrojo podemos esperar un cambio de domicilio. Si rompemos un cerrojo para liberarnos, eventualmente sortearemos todos los obstáculos.

CÉSPED

El pasto o césped quemado, descuidado o amarillento, indica que deberemos trabajar muy duro para obtener lo que deseamos. En cambio, una pradera de césped verde y rozagante indica éxito en todos nuestros emprendimientos. Vernos cortando el césped presagia tristes noticias. Comerlo vaticina placeres sensuales. Sembrarlo, nos habla de futura seguridad en nuestra vida, pero sin lujos.

CHAMPAÑA

Soñar que estamos bebiendo champaña, contrariamente a lo que parece, nos predice infortunio en el amor. Si en cambio, soñamos con comprar champaña, esto quiere decir que pronto seremos muy dichosos.

CHAMPIÑONES

Soñar con ver crecer champiñones anuncia el aumento de nuestras ganancias gracias a una buena explotación de los negocios. Soñar con recolectar champiñones es una buena señal de felicidad, seguridad y prosperidad. Comerlos indica un mejoramiento de nuestro estatus gracias a una intensa actividad social.

CHANTAJE

Estamos siendo advertidos acerca de nuestro propio comportamiento indiscreto con el sexo opuesto, si soñamos que nos chantajean. En cambio, si los chantajistas fuéramos nosotros, lo sensato sería apartarnos de cualquier tipo de juego de azar.

CHAQUETA
Ver **SACO.**

CHEQUE

Un sueño de significado opuesto. Cuanto más abultados sean los cheques que firmamos en nuestros sueños, mayor será nuestra suerte en cuestiones de dinero. Este significado opuesto también se traslada al sueño inverso: si soñamos que nos pagan con cheques, debemos ser extremadamente cuidadosos en nuestras futuras transacciones.

CHIMENEA

El aspecto y los detalles de la chimenea son importantes para la interpretación. Si ésta es alta, predice un futuro logro o triunfo, mientras que si la chimenea es de mediana altura, podemos esperar épocas favorables a venir, especialmente si sale humo de la misma. Una chimenea en malas condiciones o en reparación indica que algún problema que esperamos está próximo a aparecer. Si la chimenea se derrumba, por el contrario, pronto tendremos algún motivo de festejo y celebración.

CHINO

Las personas u objetos chinos presentes en un sueño indican una posible y satisfactoria solución a todos nuestros problemas. Por otra parte, si los objetos aparecen rotos, o dichas personas no parecen muy amigables, posiblemente realicemos un largo viaje o recibamos viajeros de un lugar lejano.

CHOCOLATE

Comer o beber chocolate en un sueño indica alguna enfermedad. Los caramelos de chocolate predicen un gran ingreso que posiblemente sea utilizado para solucionar los problemas de salud.

CIEGO

Estar ciego por ejemplo, es una amenaza de catástrofe. Aunque creamos estar haciendo lo correcto, en realidad estamos equivocados. Ayudar a un ciego significa que nos ocurrirá algo agradable.

CIERVO

Un ciervo cautivo o en un ambiente artificial indica una desilusión con algún amigo querido. Por el contrario, un ciervo en su ambiente natural augura el nacimiento de una nueva y duradera amistad. Matar un ciervo o ver uno muerto es una advertencia de que estemos alertas ya que algún detractor puede estar haciéndose pasar por un amigo.

CIGARRO (O CIGARRILLO)

Es una señal de prosperidad soñar con cigarrillos.

CINCEL

Si el sueño consistía en el uso de un cincel, nos está diciendo que lograremos nuestros objetivos aunque nos resulte demasiado difícil.

CINTURÓN

Ponerse un cinturón anuncia un futuro afortunado. Si otros se ponen un cinturón, anuncia pleitos y comparecencia ante la justicia.

CIRCO

Buena suerte en las finanzas se nos aproxima si soñamos que asistimos a un espectáculo de este tipo con niños o bien nuestros propios hijos.

CÍRCULO

Símbolo típico de la totalidad, la perfección y el infinito. Tiene una potencia mágica y constituye una protección universal contra los malos espíritus. Los objetos circulares que aparecen en sueños (pelotas, anillos, ruedas) tienen la misma significación.

CIRCUNCISIÓN

Ya sea en un niño o en uno mismo, una circuncisión promete un gran mejoramiento debido a la presencia de nuevas e influyentes amistades.

CISTERNA

Una cisterna llena indica un total éxito y progreso; medianamente llena, un progreso moderado, y una cisterna completamente vacía, indica una falta de gratificación que podría ser producida por una propia falta de esfuerzo o motivación. Por último, caer dentro de una cisterna es una advertencia de no mezclarse con gente muy poderosa y de poca confianza.

CIUDAD

La persona que vive en el campo y sueña que va a vivir a la ciudad puede seguramente esperar una serie de aventuras por venir, especialmente con personas del sexo opuesto.

CLARINETE

En un sueño, este instrumento no tiene ningún significado en especial. Ver también, música.

CLARIVIDENCIA

Poseer o utilizar poderes psíquicos en un sueño augura un cambio de ocupación o interés. Lo indicado después de este sueño es considerar muy bien el supuesto cambio y no adoptarlo a menos que sea totalmente beneficioso.

CLAVEL

Soñar con claveles blancos indica que nuestras empresas progresarán. Si son rojos, tendremos disgustos con nuestras amistades. Si son rosados, augura éxito en la amistad y en el amor.

CLUB

Los clubes pueden simbolizar el uso innecesario de fuerza o brutalidad en algún aspecto de la vida. También indican el deseo secreto de tener una aventura extra matrimonial.

COARTADA

Cualquier coartada, ya sea nuestra o de alguien más, indica la presencia de un conflicto matrimonial que no hemos podido resolver y del cual deseamos huir.

COCO

Vernos en un sueño comiendo coco, anuncia que si la adversidad llega, estaremos bien preparados para ella. Si la imagen nos muestra en la acción de abrir un coco es probable que encontremos una pequeña suma de dinero o ganemos algún premio.

CÓDIGO

Ya sean enviados o recibidos, los mensajes codificados en un sueño son una advertencia de engaño o falsedad. Es conveniente reexaminar nuestro juicio acerca de aquéllos en quienes confiamos.

COL

Es de buena suerte soñar que cocinamos coles, pero comerla cruda, por el contrario, predice una ruptura matrimonial. Soñar que cortamos una col denota que nuestro marido, esposa o amante está celoso de nosotros.

COLCHÓN

Soñar que reposamos sobre un colchón tiene distintos significados: si el colchón es confortable y nos da placer, esto habla de nuestra necesidad secreta de dejar de hacernos cargo de todo y asumir más responsabilidades de las que nos corresponden. Necesidad de abandonarse un poco. Si, por el contrario, en ese colchón nos sentimos incómodos, es posible que una persona en la cual confiamos más de lo debido, nos traicione.

COLECCIONAR

Coleccionar algo en sueños, estampillas, antigüedades, significa que uno es una persona de muchas amistades.

COLEGIO

Asistir a un colegio o universidad, indica que el soñante tiene asignaturas pendientes, deseos de escalar social o económicamente. Insatisfacción respecto de sus logros.

COLISIÓN

Soñar con un choque cualquiera es un claro presentimiento de que algo malo está por sucedernos, no necesariamente un accidente de tránsito, pero sí, enfrentamientos con seres queridos, pérdidas económicas o ruptura de sociedades.

COLORES

Si en nuestros sueños prevalece un color en especial, el significado es el que sigue. AMARILLO: vitalidad, intelecto, claridad. AZUL: armonía, espiritualidad, paz interior. BEIGE: neutralidad, ausencia de comunicación, desinterés. BLANCO: Pureza, claridad, frialdad. GRIS: transición de un estado a otro. Si es claro, paz. Si es oscuro, temor. MARRON: plano material, seguridad. ANARANJADO: emoción, estímulo, curación. NEGRO: aislamiento, separación, introspección. ROJO: energía, vigor, pasión. ROSADO: afecto, amor. CELESTE: salud, buena suerte, protección. VERDE: crecimiento, serenidad, progreso. VIOLETA: espiritualidad, lazos visibles e invisibles, aristocracia.

COLUMNA

Ver en nuestros sueños una columna fuerte y sólida presagia que seremos reconocidos y recompensados como esperamos. También significa que poseemos una gran fortaleza y que en nosotros se apoyan familiares y amigos. Puede indicar que, sin embargo, esa situación nos agobia.

COMEDIA

Cualquier sueño que involucre situaciones hilarantes o de humor trae buena suerte.

COMETA

Ver una estrella fugaz, o cualquier otro tipo de asteroide cruzando el cielo en nuestros sueños es, como se sabe, uno de los más afortunados augurios. Mensajero de energía inusitada.

COMPRAR

Comprar indiscriminadamente en un sueño indica la necesidad de conservar nuestros bienes y recursos. Sin embargo, si compramos con moderación, probablemente obtendremos dinero con facilidad.

COMUNIÓN

Soñar que comulgamos entraña el significado opuesto. Es más bien el deseo secreto de dejar de ser tan serios y responsables y atrevernos a ciertas frivolidades y licencias morales.

CONOCER, CONOCIDO

El soñar en conocer a alguien nuevo o encontrar a algún conocido a quien hace mucho tiempo no veíamos, significa que pronto obtendremos un dinero que nos deben, el cual creíamos perdido.

CONSEJO

Si recibimos un consejo, quédese tranquilo, nuestra situación irá mejorando día a día y llevaremos a cabo todos nuestros planes. Si, en cambio, somos nosotros los que proporcionamos un consejo a alguien, mucha gente que todavía no conocemos nos admirará y nos respetará en gran manera.

CORDERO

Ver corderos jóvenes es un buen augurio y sugiere que viviremos una experiencia que nos hará crecer y nos mejorará como individuos. Soñar con corderos que juegan juntos presagia buenos momentos y felicidad en la familia. Comer cordero en un sueño indica que tendremos la oportunidad de hacer un buen y provechoso negocio.

D

DADOS

Soñar con dados vaticina pérdidas de dinero, inversiones desafortunadas y el posible contagio de una enfermedad. Verlos caer desde la mesa indica un seguro gran fracaso en el sector económico, que podría dejarnos totalmente arruinados.

DAGA

Ver una daga anticipa la llegada de noticias lejanas. Llevar una daga en el sueño nos advierte que seamos más prudentes en nuestras acciones, o de lo contrario nos veremos envueltos en una situación poco placentera.

DAMASCO

Comer esta fruta predice buena suerte en todo, excepto el amor. El verlos florecer indica que el futuro no será tan espléndido como parece.

DARDOS

Si en el juego los dardos que arrojamos llegan a la marca deseada, el augurio es de éxito y bienestar inesperados. Por otra parte, si el dardo está roto o cae muy cerca del centro, ello predice el fracaso.

DÁTILES

Comerlos predice una boda, ya sea nuestra o de alguien a quien apreciamos. Ver dátiles creciendo o siendo cosechados predice el éxito en los negocios y las finanzas.

DEBATE

Si un hombre sueña que se ve envuelto en un debate con una mujer, ello indica que probablemente encontrará dificultades en lograr sus objetivos. En cambio, si el oponente es un hombre, seguramente será ascendido en su trabajo gracias a su constante atención de los problemas cotidianos.

DECAPITACIÓN

Separación simbólica entre el cuerpo y la cabeza. Los sueños de decapitación son comunes durante las crisis de la mitad de la vida, en la menopausia o durante algunas enfermedades en las que se siente que el cuerpo se nota extraño y hostil.

DECORAR

Un sueño en el que decoramos algo predice alguna celebración venidera.

DEDOS

Están asociados simbólicamente a los parientes. Los tratados de oniromancia (estudio de los sueños) consignan que soñar que nos duele un dedo significa que algún pariente está o estará enfermo. Un dedo con heridas cortantes anuncia peleas familiares. Un dedo quemado, problemas de celos. Y un dedo amputado, la muerte de un familiar.

DEFECAR

De alguna manera éste es un sueño de significado antagónico, ya que cuanto más embarazosa es la situación en el sueño, mejor es el presagio. Si ocurre en la cama, significa abundancia venidera. En público, el anuncio es de gran éxito financiero. Ver heces en la calle o pisarlas es un vaticinio de repentina suerte con el dinero.

DEFENDER

Si en el sueño protegíamos o defendíamos a alguien, podemos estar seguros de que nuestra confianza está bien ubicada. Por otra parte, si alguien nos defendía a nosotros, no deberíamos forzar ningún asunto importante por el momento, ya que alguien con quien contamos podría llegar a fallarnos.

DEFORMIDAD

Cualquier deformidad, ya sea nuestra o de otras personas indica la necesidad de higiene en el hogar.

DELANTAL

Un símbolo de trabajo, el delantal se asocia con la labor femenina, como madre y ama de casa. Si en el sueño el delantal está desgarrado o desflecado, puede indicar que todavía estamos atados a nuestras madres, a nuestro hogar o a nuestra labor doméstica.

DEMOLICIÓN

Una demolición sugiere que debemos cuidarnos y ser muy eficientes en nuestro trabajo ya que hay personas que podrían tratar de aprovecharse de cualquier descuido o error que cometamos.

DERIVA, (A LA)

Este sueño se relaciona claramente con algún obstáculo que debemos tener en nuestra vida, y que no hemos sido capaces de enfrentar o resolver. El estar en una embarcación a la deriva, sin medios de propulsión, como remos, motores, o velas, significa que nos encontramos en una situación en la que no sabemos cómo proceder. Sin embargo, si logramos llegar a la costa a salvo, seguramente encontremos la solución a nuestros problemas. Pero, si caemos al agua por la borda, el sueño demuestra una gran indecisión, la cual es el motivo de dichas complicaciones. Por lo tanto, la clave del progreso se encuentra en nuestra determinación. Deberíamos tenerlo en cuenta y no dejarnos vencer por la adversidad.

DESAFÍO

Deberemos ser extremadamente cuidadosos y evitar ofender a personas influyentes si soñamos con ser desafiados. Será necesario pensar todo dos veces y luego no divulgarlo. Si en el sueño los desafiantes somos nosotros, es posible que alguien del sexo opuesto nos dé dolores de cabeza.

DESAPARICIÓN

Ver en sueños la mágica desaparición de uno mismo denota que tenemos deseos de escapar de la situación en la que nos encontramos. Deseamos desaparecer literalmente para evadir lo que tanto nos atormenta. Ver a otro desaparecer representa un deseo inconsciente de hacer que esa persona desaparezca de nuestra vida.

DESAYUNO

Ver un apetitoso desayuno sobre la mesa augura cambios bruscos e imprevistos en nuestra vida, que serán no obstante favorables. Desayunarse solo está indicando que un descuido nos hará caer en las garras de nuestro enemigo. Desayunar con otros nos anuncia que pronto recibiremos buenas noticias. Desayunar en casa ajena prenuncia que viajaremos muy pronto y conoceremos personas interesantes.

DESCALZO

Aparecer desnudo en un sueño es un muy buen presagio. Sin embargo, si lo que aparece desnudo son nuestros pies, es posible que tengamos que enfrentar muchas dificultades antes de lograr nuestras metas.

DESIERTO

Un desierto con un clima agradable y un cielo despejado y soleado predice el contento y el éxito; pero si el clima es malo, hostil y hay tormentas de arena, seguramente encontraremos varias dificultades provocadas por enemigos o cualquier oposición oculta. Sin embargo, el resultado final no será tan grave como suponemos.

DESTRUCCIÓN

Soñar con la destrucción de edificios u otras estructuras -ya sea por causas naturales o por cualquier agresión- constituye una advertencia para que controlemos nuestro carácter ya que cualquier reacción extrema o desmesurada podría costarnos muy caro en este momento.

DETECTIVE

Este individuo en nuestros sueños tiene relación con lo que él hace, y por lo tanto, pronto descubriremos la solución a un problema que ha estado perturbándonos.

DEUDAS

Soñar que pagamos nuestras deudas predice buenos momentos por venir; pero soñar que alguien nos paga una deuda, anuncia una posible pérdida de dinero, por lo tanto deberíamos moderarnos en el manejo de nuestras finanzas, especialmente si tenemos una inclinación hacia el juego.

DIABLO

Su aparición en sueños es un reflejo de nuestra conciencia por la culpa debida a una falta real o imaginaria. No importa la imagen que tenga en el sueño. No siempre aparece con cola, cuernos y garras, inclusive a veces no se deja ver, pero evoca una sensación de terror conocida en la infancia que nos permite reconocer que se trata del diablo.

DIAMANTE

Augurio de buena suerte, ya que los diamantes simbolizan la soberanía, la incorruptibilidad, el valor ante la adversidad. Si la que sueña con diamantes es una mujer se trata de una promesa de amor y matrimonio.

DICCIONARIO

Si soñamos que consultamos un diccionario es probable que tengamos que depender de otros para el manejo de nuestros negocios. Ver a otros consultar un diccionario está prediciendo que tendremos suerte en cualquier empresa que iniciemos en ese momento.

DIETA

Este sueño denota desesperanza. Es característico de la persona que se siente sumamente defraudada y agotada al no ver los resultados de sus inmensos esfuerzos y sacrificios. Es simbólico de algún tipo de deseo subconsciente de amor, reconocimiento, dinero o fama.

DINERO

El significado del dinero en un sueño es tan diverso como la vida misma. Si los que compramos, pagamos o prestamos dinero, somos nosotros mismos, esto indica que estamos en una situación de poder, o bien desearíamos estarlo. Vernos en sueños recibiendo dinero también es un buen presagio, siempre y cuando esto no nos produzca una sensación de inferioridad y dependencia. En general, los sueños relacionados con encontrar o perder dinero están íntimamente vinculados con lo afectivo, pues en este caso el dinero puede estar simbolizando alguna relación.

DIPLOMA

Ya sea que lo recibimos, lo otorgamos o solamente lo observamos, si el soñante es un hombre, esto predice bonanza y distinción a través de los propios esfuerzos. En cambio si la que sueña es una mujer, este sueño predice una gran caída debido a su vanidad y extravagancia.

DIQUE

Este sueño indica que estamos preocupados por tener que cargar con una responsabilidad que secretamente sabemos resulta excesiva para nosotros.

DIRECCIÓN

El significado cambia si somos nosotros los que escribimos una dirección o si es alguien más el que lo hace hace. En caso de que seamos nosotros, hay que tratar de evitar toda clase de juego por dinero. Si alguna otra persona escribe una dirección y nosotros la vemos, entonces es una advertencia: deberíamos cuidarnos y ser más discretos al discutir nuestros asuntos personales.

DIRECTOR

Soñar con ser nombrado director de una compañía o cualquier otra organización, simboliza buenas noticias en asuntos legales. Renunciar o perder un puesto de director sugiere una posible pérdida de estatus debido a nuestros propios errores.

DIRIGIR (LA PALABRA)

Si alguien nos dirige la palabra, un amigo falso o traidor tratará de impugnar nuestro honor. Debemos estar prevenidos. Sin embargo, si fue una mujer, un mendigo o alguien que conocemos el que se dirigió a nosotros, podemos esperar dinero o beneficios, ya sea una herencia o cualquier otra fuente de frutos materiales.

DISCULPA

Ya sea que se recibe o se da una disculpa, el sueño se relaciona con los amigos. Perderemos uno, o conoceremos a uno nuevo, o bien veremos regresar a un amigo distante.

DISCUTIR

Augura buena suerte el soñar con cualquier discusión, siempre y cuando no perdamos la calma y nos enfurezcamos. De lo contrario, el sueño nos advierte que no nos apresuremos en la toma de decisiones importantes. En otras palabras, debemos pensar antes de actuar.

DISEÑAR

Ver o hacer diseños de cualquier tipo sugiere que viviremos una etapa de muchísima responsabilidad y trabajo sin ninguna recompensa o remuneración alguna.

DIVERSIÓN

Si en el sueño sentimos que nos divertimos mucho, debemos alegrarnos ya que pronto nos sentiremos de igual manera y tendremos varias satisfacciones. Por lo general, cuanto más nos divertimos en el sueño, mejores momentos viviremos al despertarnos. De igual manera, si la diversión no nos importaba o nos parecía desagradable en el sueño, seguramente viviremos algunas molestias o inconvenientes.

DOLOR

En general, cualquier clase de dolor es una advertencia de un futuro dolor que sufriremos, ya sea por una relación inestable o informal con nuestra pareja, o bien porque alguien se ha estado aprovechando de nuestras ideas, usándolas para propio beneficio. El dolor en el sueño puede ser también una advertencia sobre una futura enfermedad, o anuncia simplemente que consultemos al médico para prevenir malestares. Sin embargo, el único tipo de dolor con un significado especial es el común dolor de cabeza. Este tipo de dolor nos advierte de que no confiemos nuestros sentimientos y asuntos personales a cualquiera, ya que esto podría provocarnos un disgusto en el futuro.

DORMITORIO

Soñar con el dormitorio propio significa armonía en los asuntos cotidianos. Un dormitorio ajeno, bien amoblado, indica un cambio para mejor.

DRAGÓN

Ver **VÍBORA**.

DUELO

Augurio de peleas. Si somos nosotros los que nos batimos a duelo, se trata de un anuncio de que discutiremos con nuestra pareja o nuestros amigos. Si presenciamos un duelo, significa que serán nuestros allegados quienes pelearán entre sí.

ECLIPSE

En la antigüedad los eclipses simbolizaban monstruos que devoraban los cuerpos celestes. Por lo tanto, en el sueño el eclipse puede aludir al temor de ser devorados por los propios "monstruos interiores" del inconsciente.

EBRIEDAD

Si soñamos que estamos ebrios es probable que se nos presenten dificultades financieras y obstáculos en los negocios. También puede anunciar una posible pérdida de empleo. Si vemos a otras personas ebrias, especialmente si son enemigos, seremos víctimas de calumnias y chismes.

ECO

Oír el eco de nuestra propia voz sugiere una personalidad egocéntrica que no escucha fácilmente los consejos de otros. Si se trata del eco de la voz de otro, esto indica una profunda soledad y que inconscientemente tenemos un fuerte deseo de compañía, pero no nos atrevemos a dar el paso.

EDAD

Soñar que uno es más viejo de lo que realmente es, o bien que uno está preocupado por su edad, representa una advertencia sobre que consultemos al médico y nos sometamos a un chequeo. Sin embargo, el ver gente anciana en el sueño quiere decir que pronto tendremos una racha de buena suerte.

EDÉN

Un extraño sueño de advertencia acerca de la necesidad de mantenerse en guardia contra poderosos rivales disfrazados de amigos.

EDIFICIO

Un edificio representa nuestros logros en la vida; por lo tanto, si el edificio se ve espléndido e imponente, seguramente viviremos con todos los lujos. Si el edificio es modesto pero agradable, posiblemente vivamos dignamente, aunque sin opulencia. Por último, si el edificio aparece destruido o mal cuidado, deberíamos ahorrar nuestro dinero para pasar los tiempos difíciles que se avecinan.

EJECUCIÓN

Si somos víctimas de una ejecución, el sueño refleja un sentimiento de culpa que nos atormenta y del que deseamos liberarnos. Si, en cambio, somos nosotros los verdugos, revela nuestro deseo de liberarnos de alguien que ejerce su autoridad sobre nosotros.

EJÉRCITO

En sueños, un ejército marchando hacia el combate indica que estamos próximos a enfrentar una situación inesperada. Por otra parte, un ejército en combate vaticina que nos veremos envueltos en un escándalo del cual debemos salir sin meternos en la discusión.

ELÁSTICO

Soñar con algún objeto elástico significa que nos veremos obligados a "estirarnos" al máximo de nuestra capacidad, pero que esto nos resultará estimulante y seremos recompensados. Soñar que un elástico se rompe constituye una señal de que nuestra paciencia está a punto de estallar. Tratemos de evitar situaciones tensas y mantengámonos bajo control en todo momento.

ELECTRICIDAD

La electricidad simboliza la energía, especialmente la energía creativa. Si soñamos con recibir un leve choque eléctrico, algo está disminuyendo nuestras posibilidades de triunfar. Se hace necesario detectarlo para combatirlo.

ELEFANTE

Buen augurio, ya que el elefante simboliza la fuerza, la abundancia y la larga vida. Cuando estamos enfermos, soñar con un elefante significa que sanaremos de nuestra enfermedad. La presencia de este animal sugiere relaciones muy sólidas en todos los sentidos.

ELEVARSE

Soñar que nos elevamos indica que el estudio y el empeño nos llevarán a conseguir las posiciones y los objetivos anhelados. Obtendremos la riqueza y la seguridad económica que deseamos. Subir una montaña, un cerro o una colina, constituye un motivo frecuente en los sueños. Todas las manifestaciones oníricas en que nos elevamos por encima de la altura normal, tienen un sentido común: aluden a un propósito, a una meta que nos esforzamos por alcanzar.

EMBAJADA

Si soñamos con desempeñarnos en cualquier puesto en una embajada, esto es augurio de muy buena fortuna y que nos relacionaremos con gente muy importante, pero también advierte acerca de que no es posible lograr el éxito sin empeño.

EMBAJADOR

Ver o hablar en sueños con el embajador de algún país extranjero significa que estamos por descubrir que alguien en quien confiábamos, nos ha traicionado todos estos años.

EMBARAZO

La interpretación de este sueño depende tanto de las circunstancias reales como del contexto del sueño. Si la soñante realmente está embarazada, el sueño no es más que el reflejo de esa circunstancia. Si no lo está, el sueño revela el deseo de estarlo o de tener una relación de pareja estable. Si durante el sueño de embarazo se experimenta una situación angustiante, esto delata un temor a las relaciones sexuales y a sus consecuencias. Cuando el motivo es recurrente, indica un intenso temor a las enfermedades de transmisión sexual.

EMBARCADERO

Estar de pie en un embarcadero augura que tendremos que librar una cruenta batalla por el reconocimiento de un derecho. Si soñamos que tratamos en vano de llegar al embarcadero, perderemos la oportunidad de obtener un puesto con el que habíamos soñado.

EMBOSCADA

A menudo es un símbolo presente en los momentos o períodos difíciles de nuestras vidas (divorcio, pérdida de un familiar), cuando estamos propicios a sufrir trastornos emocionales o de salud, o cuando nos acosa el dolor y la pena. Si en el sueño sufrimos una emboscada significa, justamente, que nos encontramos estancados en una situación dolorosa de la cual debemos luchar para salir.

EMBOTELLAMIENTO

Cualquier tipo de embotellamiento anticipa alguna clase de demora.

EMIGRAR

Si soñamos con emigrar, este sueño nos deparará cambios, rompimiento de vínculos y decisiones de emprender nuevos caminos. Si soñamos que vemos a otras personas emigrar, es posible que descubramos que alguien trata de engañarnos.

EMPLEO

Buscar empleo en sueños manifiesta una personalidad vivaz y activa. Si soñamos con emplear a otros, esto significa que a veces pensamos más en los demás que en nosotros mismos.

EMPOLLAR

Ver empollar en sueños augura riquezas y la posibilidad de ahorrar y asegurar nuestro futuro.

EMPRESA

Iniciar una nueva empresa en un sueño constituye un claro anuncio de que debemos analizar cuidadosamente cada uno de los pasos que estamos a punto de tomar en nuestra vida. Es un llamado a la prudencia.

ENAMORADO

El estar enamorado en un sueño sugiere que una buena amistad se va a convertir pronto en un romance. Si, en cambio, soñamos que alguien del sexo opuesto está enamorado, significa una advertencia de que nos cuidemos en una relación que, posiblemente, nos lleve a hacer el ridículo y a protagonizar un escándalo.

ENANO

Soñar con un enano bien formado denota actividad mental muy desarrollada y eficiente. Soñar con enanos feos o deformes es un mal augurio. Tendremos una mala racha de perturbaciones e inestabilidad emocional.

ENCAJE

Soñar con encajes es una señal positiva que vaticina buena suerte. Tendremos muchas proposiciones amorosas. Las personas que nos rodean tratarán de complacernos sin pedirnos mucho a cambio.

ENCÍAS

Soñar con nuestras propias encías inflamadas o doloridas augura problemas familiares.

ENCONTRAR

Encontrar algo en sueños predice que descubriremos un error causante de graves pérdidas económicas. Soñar con encontrar a un bebé vaticina un pleito legal que requerirá mucha dedicación.

ENEMIGO

La interpretación de este sueño debe hacerse de manera literal. Vencer a los enemigos indica que los venceremos en la vida real. Hablar con los enemigos significa que solucionaremos sin violencia nuestros problemas.

ENFERMEDAD

Sufrir una enfermedad, en un sueño, expresa necesidad de protección, deseo de volver a la infancia y de liberarnos de responsabilidades. Delata problemas emocionales que nos hacen sentir frágiles y vulnerables.

ENGAÑAR

Ser engañado supone que debemos ser muy discretos, pues descubriremos una traición por parte de una persona que se decía amiga nuestra. Soñar que nosotros engañamos a alguien, augura que se nos presentarán complicaciones insuperables en nuestro trabajo.

ENGORDAR

Si una mujer sueña que engorda, esto indica claramente su temor a quedar embarazada. Si el que engorda es un hombre, esto también está indicando un temor: el temor a no mostrarse lo suficientemente viril.

ENOJO

El estar enojado en un sueño indica que las confrontaciones con nuestros rivales nos están produciendo trastornos. Solamente si nos enojamos con alguien que amamos, el sueño adquiere un significado positivo y predice un beneficio material.

ENREJADO

Soñar que abrimos una ventana enrejada hacia un amplio jardín constituye una señal de alivio y contento.

ENTIERRO

Un entierro predice un matrimonio, nacimiento o bien una invitación a presenciar un casamiento. Si soñamos que nos entierran vivos, entonces es una advertencia para que evitemos cualquier actividad inmoral que podría causarnos problemas.

ENTRADA

Si en nuestros sueños vemos una entrada, esto prenuncia una importante transición. Si se trata de la entrada de un edificio importante, denota un deseo secreto de ascenso social. Si nos visualizamos saliendo por una entrada, éste es un sueño de angustia subconsciente por estar atrapados en una situación de la cual no sabemos cómo salir.

ENTRAÑAS

Como motivo onírico son un símbolo de felicidad, excepto que las comamos. Denota que en todas las situaciones nos gusta ir hasta el fondo del asunto.

ENVIDIA

El significado de este sueño depende de las circunstancias. Soñar con que envidiamos las posesiones materiales de otros predice un incremento en las nuestras. En cambio, soñar que envidiamos la belleza o el aspecto personal de otra persona, presagia desórdenes matrimoniales. Por otra parte, si los envidiados somos nosotros, esto significa que muy pronto estaremos en una posición envidiable.

EPILEPSIA

Soñar con parientes o seres queridos que padecen epilepsia denota gran ansiedad y preocupación por un asunto del que, por suerte, pronto recibiremos noticias tranquilizadoras.

EPITAFIO

Si en el sueño somos capaces de leer el epitafio, esto significa que podremos resolver cualquier problema que nos afecte. Si, en cambio, el epitafio no es legible, nuestro futuro se presenta incierto.

EQUIPAJE

El equipaje visto en un sueño anuncia un largo viaje al exterior. Si lo perdemos o no somos capaces de encontrarlo, una herencia nos espera. Cargar nuestro propio equipaje, sugiere felices cambios venideros.

ERMITAÑO

Nuestro excesivo miedo, indecisión y timidez podrían hacernos perder muchas oportunidades.

ERUCTAR

Este sueño indica que uno prefiere mirar hacia atrás, hacia tiempos pasados más felices, en vez de mirar hacia adelante. Soñar con eructar en una cena distinguida, prenuncia que perderemos a nuestro mejor amigo, por más precaución que tengamos.

ESCALAR

Ya sea que escalemos una montaña, una loma, una escalera o cualquier otra cosa, un incremento en nuestra posición social y en nuestro estatus nos aguarda.

ESCALERA

Simboliza el acceso a niveles más bajos y más altos de la conciencia. Escalera de caracol: indica que nos movemos en un círculo vicioso, por eso los sueños con este tipo de escaleras suelen resultar angustiantes. Pasar por debajo de una escalera: posibilidades de sufrir una ofensa o humillación. Ver apoyada una escalera contra la pared: señal de peligro.

ESCARABAJO

Un sueño que involucre estas criaturas es un vaticinio de hostilidad y celos entre las personas que nos rodean en nuestro trabajo, y sobre la competencia desleal. Si durante el sueño los matamos o nos deshacemos de ellos, estas dificultades sólo serán temporarias.

ESCOBA

Usar una escoba en sueños anticipa un período de reflexión, de reestructuración en la vida del soñante. Si la escoba es nueva, los nuevos planes nos permitirán realizar proyectos muy productivos. Si la escoba es vieja, debemos proceder con mucha prudencia y ser desconfiados, pues falsas amistades tratarán de entorpecer nuestros proyectos y desviarnos de nuestras metas.

ESCUDO

Si soñamos con un escudo, placa o chapa identificatoria, cualquier clase de seguridad que nos preocupe, ya sea laboral, social o financiera, dejará de ser un problema.

ESPALDA

Soñar con una espalda desnuda presagia una pérdida de poder. Cuidado con prestar dinero o dar consejos. Este sueño anuncia enfermedades. Si una persona, en ese sueño, nos da la espalda y se aleja de nosotros, esto indica envidia y celos entre nuestros allegados. Soñar con nuestra propia espalda es un inusualmente feliz presagio que indica que no importa cuáles sean nuestros problemas, muy pronto se evaporarán.

ESPEJO

Aunque haya diversas interpretaciones acerca de los sueños con espejos, por lo general, un espejo roto significa malas noticias y tiempos difíciles. Verse relajado en un espejo denota un engaño o traición en nuestro círculo de amigos; mientras que ver a otras personas reflejadas señala falta de honradez entre nuestros socios.

ESPUMA

Si soñamos que ponemos espuma en nuestro rostro o axilas para afeitarnos, seguramente logremos superar un grave problema. Tomar un baño con espuma sugiere que recibiremos buenas noticias por correo.

ÉXTASIS

Un sueño de significado contrario que indica aburrimiento de nuestra vida sexual. Tal vez sea necesario cambiar.

EXTRANJERO

Si uno sueña que se encuentra en el extranjero, ello indica una condición inestable de nuestra parte y un probable cambio de lugar o territorio. Por otro lado, el soñar con ir al extranjero en barco significa que haremos un importante amigo en el futuro, quien tendrá una gran influencia sobre nosotros.

FÁBRICA

Estar en una fábrica es un sueño muy característico de personas muy creativas y productivas. Habrá mucha actividad en los negocios y se nos presentarán muchas oportunidades y emprendimientos.

FÁBULA

Si soñamos con que oímos relatar fábulas o somos nosotros quien las relatamos, esto indica que nuestro estilo de vida es demasiado desordenado, poco realista, e infantil. Debemos madurar.

FALDA

Soñar con faldas quiere decir que estableceremos trato con personas poco escrupulosas, lo cual nos hará perder la confianza de nuestras amistades y socios.

FALSIFICAR

Falsificar un documento en sueños nos vaticina que recibiremos un dinero inesperado, pero de procedencia dudosa.

FAMILIA

Una familia numerosa y feliz, en general predice un ascenso importante en nuestra prosperidad. Soñar con la familia ajena simboliza que nuestros enemigos fracasarán.

FAMOSOS

Los sueños con gente famosa generalmente están asociados tanto con los méritos, los talentos, y las cualidades de estas figuras, como con sus defectos.

FANTASMA

Ver un fantasma en un sueño, sobre todo si lleva la típica sábana blanca, augura salud, felicidad y bienestar. Si se trata de un pariente, en cambio, el sueño constituye una advertencia para que estemos atentos a un peligro inminente. Si el fantasma está vestido de negro, debemos temer una traición.

FARO

Soñar con un faro es bastante común cuando estamos atravesando un período de problemas y dificultades. Un faro encendido indica que mejorarán todos nuestros asuntos; un faro apagado, en cambio, vaticina infortunio y tristeza justo cuando íbamos a salir adelante. Todo se vuelve en nuestra contra.

FAROL

Un farol balanceándose nos advierte sobre el peligro de nuestras indiscriminadas relaciones sexuales. Debemos tener calma y tranquilizarnos. Una lámpara que se apaga por un fuerte viento indica que se nos avecinan ligeros problemas legales.

FATIGA

Si soñamos que nos sentimos fatigados significa que saldremos adelante pero sólo merced a nuestros esfuerzos.

FAVOR

Un típico símbolo de estatus. Pedir o recibir un favor significa un leve descenso de nivel. En cambio, hacer un favor, indica crecimiento de nuestro prestigio.

FEALDAD

Soñar que nuestra apariencia es fea, anuncia muchas dificultades en nuestra relación amorosa.

FECHA

Soñar con una fecha determinada es el anuncio de que puede ocurrir algo importante en nuestras vidas. Cada vez que aparece una fecha en un sueño es conveniente tomar nota de ella.

FELICIDAD

Sentirse feliz avisa que se avecinan tiempos muy dichosos, que muchas de nuestras aspiraciones se harán realidad. Ver a seres queridos felices es augurio de tranquilidad y paz.

FELPUDO

Los felpudos son vistos, generalmente, como obstáculos a superar, a menos que los veamos frente a una puerta de entrada, en cuyo caso significan visitas indeseadas.

FIANZA

Inesperados problemas nos esperan si soñamos con pagar una fianza. Accidentes podrán ocurrir y podremos hacer alianzas poco inteligentes.

FIEBRE

Si en el sueño tenemos fiebre, esto nos está diciendo que las cosas que tememos probablemente nunca ocurran y que nuestra terrible ansiedad por el futuro nos impide disfrutar del presente. Ver a otro con fiebre, puede indicar que se trata de alguien que nos atrae mucho físicamente.

FIESTA

Para una interpretación precisa es importante tener en cuenta los detalles y la atmósfera general de la fiesta; pero por lo general, éste es un sueño bastante directo. Cuanto más disfrutemos de la celebración en el sueño, más probable es que vivamos pronto una ocasión similar. Por el contrario, si no participamos y disfrutamos de los festejos, seguramente recibiremos una noticia angustiosa.

FILA

Estar en una fila simboliza impaciencia por el tiempo que aún tenemos que esperar para realizar nuestras metas. Si nos sentimos conformes, es sueño característico de personas pacientes, confiadas en que los resultados se presentarán a su debido momento. También puede significar resentimiento por estar en una posición de anonimato.

FIRMA

Reconocernos firmando algo es la aceptación inconsciente de una situación que conscientemente rechazamos. Si la firma es ilegible, esto sugiere que existe la posibilidad de que traicionemos o engañemos a alguien.

FLECHA

Una flecha simboliza una penetración. Una flecha atravesándonos puede indicar nuestra resistencia a que nos inyecten sustancias. La flecha es básicamente un símbolo masculino. Representa la fuerza, inspiración e iluminación. Simboliza, también, los rayos del sol y la unión entre individuos. Un corazón atravesado por una flecha tiene una clara asociación con el amor. Por otra parte, una flecha rota representa ideas o planes rotos. Como armas, tienen relación con la guerra, la violencia y la caza.

FLORECER

Soñar con árboles y plantas en flor, cargados de capullos y pimpollos, nos depara felicidad, prosperidad y armonía.

FLORES

Símbolo de la belleza, lo pasajero, los placeres de la vida y la receptividad. Anuncian el éxito de un proyecto.

FLOTA

El significado varía de acuerdo con la acción y al tipo de embarcaciones. Una flota de barcos pesqueros, en un puerto cerca de la costa, es signo de paz interior. Sin embargo, si se encuentra en alta mar, el sueño señala una gran preocupación. Una flota naval navegando a toda velocidad simboliza el alivio de una gran responsabilidad. Por ultimo, una flota de barcos de vela indica gran fe y esperanza, especialmente si los barcos aparecían en tiempo claro y despejado.

FLOTAR

Estado de pasividad y calma en las aguas del inconsciente. Sueño muy común durante el embarazo. Verse flotando en el aire es un sueño con connotaciones sexuales. Deseos insatisfechos.

FORASTERO

Si uno es el forastero, pronto conoceremos nuevos amigos que durarán toda la vida. Si en el sueño nos encontramos con algún otro forastero, ello predice favorables cambios de rutina.

FORRO

Ver algún objeto con forro es aviso de mentiras, engaños y farsas. Colocar un forro sobre algo indica interés por ocultar algo que nuestro subconsciente desaprueba.

FORTUNA

Soñar que adquirimos una gran fortuna es un sueño negativo. Nos previene contra posibles pérdidas. Y por el contrario, perder una fortuna vaticina una ganancia inesperada.

FORZAR

Vernos tratando de forzar algo hace referencia a nuestra debilidad de carácter, a nuestra dependencia y el deseo de romperla.

FOSA

Simboliza problemas y dificultades, y su interpretación depende del contexto total del sueño. Saltarla por encima es sortear todas las dificultades. Caer en su interior, mal augurio.

FÓSFORO

Soñar que encendemos un fósforo significa que finalmente tomaremos esa decisión importante que veníamos posponiendo por miedo o inseguridad. Nos ponemos en marcha con energía.

FOTOGRAFÍAS

Las fotografías que aparecen en los sueños nos

permiten conocer cosas de nosotros mismos que ignorábamos. Mirar fotos viejas indica un deseo de huir del presente, permaneciendo en el pasado.

FRACASO

Soñar con que fracasamos es, no obstante, un buen augurio. Significa que debemos seguir de la misma forma en que vamos.

FRAGANCIA
Ver **PERFUME**.

FREÍR

Un sueño en el que freímos algún alimento indica una gran tristeza. Sin embargo, si el alimento se quemaba, ello sugiere el consuelo inmediato de dicho sufrimiento.

FRENAR

Una nueva oportunidad que pondrá a prueba nuestra responsabilidad se nos ofrecerá si soñamos con frenar un vehículo. Si el freno falla o hace un sonido extraño, deberíamos considerar seriamente si aceptar o no esa nueva oferta, ya que es posible que esconda alguna trampa oculta.

FRESAS

Si en el sueño recogíamos las fresas, ello señala la posibilidad de viajar al campo o a la montaña y disfrutar así de una ansiada vacación. De otra manera, comprarlas o comerlas es símbolo de felicidad en el hogar, equilibrio en la familia y armonía en el amor.

FRIJOLES
Ver **HABICHUELAS**.

FRÍO

Soñar con una temperatura baja implica frío emocional, necesidad de afecto.

FRUTAS

Las frutas son símbolos trascendentales. Representan la abundancia de la naturaleza, fertilidad, prosperidad, inmortalidad y la esencia espiritual. Las frutas salvajes señalan una vida apacible, pero sin lujos. Las frutas de cultivo son, por lo general, un buen augurio, especialmente si están maduras. Prosperidad y felicidad son el augurio de un sueño con estas frutas.

FUEGO

Purificación, transformación. Significa la trascendencia, la iluminación. El fuego quema y elimina las impurezas, reduciendo todo a cenizas. El fuego representa, también, la pasión del ser humano, la fecundidad y el poder sexual. Otros significados específicos pueden ser: - manipular el fuego: invulnerabilidad en alguna situación; - consumirse en el fuego: imposibilidad de tomar acción en alguna situación importante, impotencia; - una casa incendiándose: necesidad de ayuda por parte de un buen amigo; - encender un fuego: anuncio de un intenso romance; - un fuego en una chimenea: felicidad y contento.

FUEGOS ARTIFICIALES

Contrariamente a lo supuesto, los fuegos artificiales simbolizan un obstáculo o fracaso y no un triunfo o festejo. Además, cuanto más espectaculares sean los fuegos artificiales, peor será nuestro período de frustración.

FUENTE

Felicidad, éxito en la vida. Una fuente funcionando correctamente es un excelente augurio. En cambio, una fuente vacía o con poca agua sugiere un corto período de malestares físicos.

FUERTE

Un fuerte simboliza nuestra defensa en contra de un enemigo. Soñar con estar al mando de un fuerte significa el aumento de nuestras responsabilidades, pero también el aumento de los beneficios y recompensas. Atacar un fuerte, por otra parte, es señal de victoria sobre nuestros enemigos.

FUGA

Este sueño también tiene un diferente significado para el hombre que para la mujer. Para el hombre, significa una advertencia de traición entre sus socios o colegas. Para la mujer, significa que debe ser precavida en no dar sus afectos imprudentemente.

FUNERAL

Este sueño posee un significado contrario. Ver o asistir a un funeral predice una gran celebración, posiblemente un casamiento o cumpleaños. Por otra parte, soñar con el propio funeral señala el alivio total de una gran preocupación.

FUSILAMIENTO

Muerte, desgracia. Si en el sueño somos fusilados, ello presagia una tragedia. Si son otros los que son fusilados, el significado es igualmente negativo.

FÚTBOL

Un golpe de suerte, especialmente de dinero, se avecina si soñamos con jugar al fútbol. Si además ganamos el juego, ello presagia un futuro tranquilo y seguro. Ver a otros jugar nos sugiere elegir a nuestras amistades con mayor cuidado, ya que nunca se sabe quién puede resultar un traidor.

GALERÍA

Caminar por una galería, o bien mirar hacia su interior, señala la existencia de tentaciones que encontramos muy difíciles de resistir. Una galería de arte, por otra parte, en la cual apreciamos pinturas antiguas sugiere que reanudaremos una relación que había llegado a su fin. Si en cambio se trata de pinturas contemporáneas, ello indica que nuestra vida social se verá enriquecida por la llegada de nuevas amistades.

GALLINERO

Ver un gallinero predice tiempos felices en el ámbito doméstico.

GALLO

Este es uno de los mejores augurios que existen, especialmente si escuchamos cantar a uno. Si en cambio, vemos una riña de gallos, es seguro que enfrentaremos pleitos familiares.

GANADO

El significado depende de la acción. Si el ganado se encuentra pastando tranquilamente, el sueño predice prosperidad. Si nos encontramos conduciendo el ganado por el campo, el sueño indica que lograremos nuestros objetivos con nuestro propio esfuerzo. Un ganado negro con cuernos grandes constituye una advertencia para que cuidemos nuestros negocios para evitar una posible pérdida.

GANANCIA

Este sueño representa una advertencia ya que su significado es el opuesto. Por lo tanto, si soñamos con cualquier clase de ganancia, especialmente de dinero, debemos cuidar muy bien de nuestros recursos para así evitar un posible revés financiero.

GANGA

Sueño auspicioso para mujeres. Para hombres,

una advertencia de resistir influencias ajenas y confiar únicamente en el propio juicio.

GANGRENA

Ver una herida gangrenosa es una señal de que tendremos un marido amargadoo una esposa quejosa e irritante.

GÁNGSTER

Dinero fácil, pero un resultado catastrófico nos espera si soñamos con gángsters. Si los gángsters nos capturan y nos torturan, quiere decir que viviremos un período de gran angustia y dolor. Si uno mismo es un gángster, significa que nos espera una etapa financiera muy difícil.

GANSO

Un sueño en el que vemos gansos anuncia una posible decepción en las relaciones amorosas. Por otra parte, ver gansos muertos sugiere que sufriremos pérdidas en los negocios.

GARAJE

Un garaje en sueños sugiere que alguien en quien confiamos está por traicionarnos.

GÁRGARAS

Hacer gárgaras en un sueño indica que tendremos que realizar una tarea desagradable, pero bastante importante. En tal caso, deberíamos actuar eficazmente y sacar el mejor provecho de esta situación.

GAS

El olor a gas en un sueño nos advierte que nos mantengamos alejados de los asuntos ajenos. Prender una estufa o cualquier otro artefacto a gas nos sugiere que economicemos todos nuestros recursos; un fuego en una caldera de gas significa que pronto recibiremos una invitación muy agradable. Si en el sueño vemos gente usando máscaras de gas significa que se aproxima una etapa financiera difícil. Apagar una lámpara a gas, o bien ver una apagarse repentinamente, es la señal de un posible desgaste en alguna relación.

GASA

Soñar que nos vendan con una gasa predice la llegada de un período inestable en la vida.

GASOLINERA

Comprar y cargar combustible en una gasolinera predice un rápido aumento de nuestros ingresos. Sin embargo, comprar cualquier otra cosa en este lugar es una advertencia de la presencia de socios o gente deshonesta. Usar el baño de una gasolinera significa que estamos por deshacernos de alguna preocupación.

GATO

El gato es la imagen arquetípica del principio femenino. Representa el misterio, la sutileza, la independencia y el poder. En Egipto el gato era venerado como un animal sagrado. En nuestros sueños, los gatos son símbolos de sexualidad y sensualidad. Un gato negro significa, simbólicamente, la mala suerte. Un gato blanco representa una advertencia de que seremos engañados por alguien que se dice nuestro amigo. Si en un sueño damos de comer a un gato es un anuncio de problemas y rivalidades en la pareja. Para un hombre, ver a un gato mimoso representa el aviso de que una mujer utilizará todos sus recursos de seducción para lograr lo que quiera de él.

GATO (DE AUTOMÓVIL)

El gato de un automóvil en nuestro sueño señala el repentino alivio de una gran carga que hemos estado soportando. Además, puede significar también un favorable cambio de nuestras condiciones.

GAUCHO

La presencia de un gaucho en un sueño manifiesta nuestro amor por la vida, por las cosas sencillas de la vida. Demuestra nuestro espíritu aventurero, nuestro deseo de una vida natural y tranquila.

GAVIOTA

Ver gaviotas en un sueño denota una necesidad por cambiar la rutina. Seguramente estamos pasando por un período de estrés y ansiamos una larga vacación, una aventura que nos despeje la mente y el espíritu.

GÉISER

Ver un géiser despidiendo agua en nuestro sueño indica que atravesaremos un período de altas y bajas que, sin embargo, nos brindará toda la felicidad y placer que esperamos.

GELATINA

Usar gelatina en un postre anuncia un placentero encuentro con alguna persona del sexo opuesto. Por otra parte, ver gelatina en polvo sugiere que conoceremos un artista famoso con quien tendremos mucho en común.

GEMIR

Gemir en sueños está indicando un posible momento embarazoso en lo financiero. Deberemos asegurarnos de haber pagado nuestros impuestos y deudas. Si en nuestro sueño escuchamos a otro gemir, esto anticipa un período de zozobra.

GENEROSIDAD

Cualquier actitud generosa que tengamos en el sueño predice un gran aumento de nuestros bienes materiales.

GENIO

Un genio con poderes extraordinarios indica una experiencia muy desagradable debida a nuestros grandes celos. También debemos considerar este sueño como una advertencia acerca de la pérdida de un buen amigo.

GENITALES

Ésta es una clara señal de nuestros deseos y sentimientos sexuales. Soñar con órganos sexuales saludables y normales significa que vivimos una vida amorosa exitosa y satisfactoria. Si soñamos con órganos enfermos, ello nos indica que estamos abusando de ellos o bien que somos demasiado promiscuos. El mismo significado se encuentra detrás de un sueño con genitales deformados. Un sueño en el que exponemos nuestros órganos sexuales indica que posiblemente sufrimos una gran necesidad sexual. Sufrir dolor en los genitales sugiere que consultemos a un médico.

GEOGRAFÍA

Cualquier sueño que tenga alguna relación con la geografía es un anuncio de una posible oportunidad de viajar al exterior.

GERANIO

Geranios en flor predicen un entretenido viaje en casa rodante o algún vehículo de grandes dimensiones.

GERMEN

Ver gérmenes a través de un microscopio denota nuestro placer en las actividades que llevamos a cabo.

GIGANTE

Si en el sueño uno mismo es el gigante, significa que debemos evitar empresas arriesgadas por el momento. Encontrarse con un gigante predice un futuro éxito, mientras que matar a un gigante, significa el aumento de nuestros bienes materiales. Ver a un gigante tropezarse y empujar a otros indica la presencia de grandes obstáculos que podremos superar únicamente si perseveramos y nos proponemos triunfar.

GIMNASIA

Representa la libertad, la liberación. Puede representar el regreso a la gran libertad de la infancia.

GINEBRA

Otras personas tomando ginebra en nuestro sueño anticipa repentinos cambios que producirán gran confusión en nuestros asuntos.

GITANOS

El significado de un sueño con gitanos varía de acuerdo con la acción. Verlos en caravana o en un campamento indica que sobrevendrá un período de inestabilidad e inquietud en nuestra vida. Negociar con un gitano o comprarle algo vaticina pérdidas en futuras transacciones. Un gitano o gitana leyéndonos la suerte anuncia celos infundados que podrían embarcarnos en intrigas hogareñas o laborales. También esto describe a la persona disconforme con su destino que se siente ansiosa por conocer su futuro.

GLACIAR

La presencia de un glaciar en un sueño simboliza un obstáculo o un problema muy grande que tenemos que resolver. Debemos pensar muy bien antes de tomar cualquier decisión para solucionarlo.

GLADIADOR

Ver a un gladiador significa que estamos en perfectas condiciones de enfrentar cualquier desafío y superar la adversidad. Pero si vemos morir a un gladiador, tal vez fracasen nuestros proyectos debido a un período de mala fortuna.

GLÁNDULA

Glándulas inflamadas o doloridas sugieren que estamos malgastando nuestra energía con preocupaciones innecesarias. En tal caso, lo más indicado es replantear nuestros objetivos y no desconcentrarnos con asuntos de poca importancia.

GLOBO

Adversidad y sueños no realizados son lo que indica este sueño. Negocios de todo tipo que sufren pérdidas temporarias. Si en cambio es uno el que asciende en un globo aerostático, esto presagia un viaje desafortunado.

GLOTÓN

Observar a un glotón en un sueño señala un avance en los negocios gracias a importantes contactos y relaciones sociales. Sin embargo, si uno mismo es el glotón, ello indica que seremos exitosos en los negocios pero no recibiremos la aceptación del público.

GOBIERNO

Un sueño que nos involucre con el gobierno ya sea nacional o local, está indicando un período de incertidumbre.

GOL

Anotar un gol o verlo es una promesa de nuevos amigos y oportunidades.

GOLF

El significado de este sueño depende de las circunstancias, pero por lo general, ver o jugar uno mismo al golf tiene relación con los asuntos con el sexo opuesto. Si el ambiente y la atmósfera general del juego era agradable, nuestro corazón verá florecer todos sus deseos. Pero si el juego era tedioso y el ambiente desagradable, podemos esperar lo contrario.

GOLPEAR

El significado es opuesto ya que si soñamos que nos golpean o nosotros golpeamos a alguien querido, el sueño indica que tendremos suerte en las relaciones familiares y personales. Si los que nos golpeaban eran extraños, el sueño nos advierte en contra de nuestra demora para enfrentar los problemas domésticos. Por último, si lo que golpeamos es una alfombra o un animal, significa que sufriremos inconvenientes producidos por nuestra falta de organización.

GOMA (DE PEGAR)

Si en un sueño utilizamos goma de pegar para reparar algún objeto, ello significa que debemos tener cuidado en hacer una inversión innecesaria. Tener este pegamento en los dedos o en la ropa es una promesa de buenos y leales amigos.

GORILA

Soñar con este simio aterrador predice un doloroso malentendido, salvo que el animal fuera muy dócil o definitivamente amistoso, en cuyo caso el sueño nos vaticina la llegada de un nuevo e inusual amigo.

GORRA

Cualquiera sea nuestro sexo, es un excelente vaticinio soñar con usar un gorro. Nuestras preocupaciones desaparecerán y nuestros problemas serán siempre temporarios. Si la gorra involucrada es del tipo militar, esto simboliza un gran triunfo sobre nuestros opositores.

GOTA

Padecer esta dolorosa condición sugiere que un chequeo médico sería lo indicado.

GOTERA

Ver una gotera en sueños indica que nuestras emociones se desbordan de manera inadecuada, que fluyen por donde no deben.

GRANDE

Ser más grande de lo que realmente uno es, significa éxito total con el sexo opuesto. Si otras personas son más grandes de lo normal, el bienestar se aproxima.

GRANERO

Si el granero está lleno de trigo maduro y granos en sazón, esto profetiza gran prosperidad. Si está vacío o en mal estado, debemos esperar lo contrario.

GRANIZO

Anuncio de pérdidas y calamidades. La magnitud que estos sucesos tengan en la vida real estará en relación con la importancia que hayan alcanzado en el sueño.

GRANO

No importa cuál sea la acción, los granos de cereal son presagio de fortuna y prosperidad, a menos que los hayamos visto quemados o malogrados, en cuyo caso esta es una clara advertencia de que nuestros negocios necesitan ser atendidos más de cerca.

GRASA

Es posible que estemos a punto de cometer un gran error si soñamos con grasa, en nosotros o en nuestra ropa. Será conveniente pensar las cosas una y otra vez y no dejarnos influir por presiones externas. Soñar con ollas o sartenes engrasadas es una advertencia de no interferir en los asuntos de otros, aun si somos invitados a hacerlo. Lo indicado es permanecer neutral.

GRITAR

Los gritos indican peligro. Oír gritos en sueños constituye una advertencia de que algo malo está por suceder. Cuanto más próximos y elevados sean los gritos, tanto mayor será el peligro. Querer gritar en un sueño y no poder hacerlo, significa que el peligro está próximo y se relaciona directamente con nosotros.

GROTESCO

Los sueños en los que aparecen seres humanos grotescos reflejan una gran ansiedad. Por lo general, ocurren antes de acontecimientos muy importantes. Antes de una boda, por ejemplo, es común soñar que nuestra pareja de pronto adquiere una apariencia grotesca, y esto obedece a la preocupación de si estaremos haciendo lo correcto.

GRUÑIR

Oír el gruñido de un animal predice una elección

de oportunidades: cambiar de trabajo, de estilo de vida o de pareja. Soñar con que somos nosotros mismos los que gruñimos implica una experiencia vergonzosa o humillante con el sexo opuesto.

GUANTES

Los guantes tienen diferentes interpretaciones y para decidirse por una, hay que tener en cuenta otros elementos. Generalmente, otorgan calor y protección y preservan del contacto directo con otra persona, objeto o sustancia. Los guantes blancos representan la dignidad y la pureza interior. Los guantes de trabajo pueden ser una indicación de suciedad. Los guantes de niños se relacionan con los deseos de la infancia. Sacarse los guantes, por otra parte, puede representar una conducta agresiva. Encontrar guantes indica que posiblemente no recibamos alguna ayuda que esperamos ansiosamente, mientras que perder guantes predice una ayuda inesperada de una personatmbien inesperada.

GUARDIA

Si nuestro sueño consistía en observar a alguien o a algo protegido por guardias, esto nos habla de pérdidas por descuidos o robos.

GUARIDA

Descubrir la guarida de algún animal salvaje predice una pelea o un combate. Si en el sueño el animal está presente, seguramente superaremos nuestro conflicto, pero si el animal no aparece en la guarida, es probable que no triunfemos.

GUÍA

Ya sea que en nuestro sueño aparezcamos actuando como guías, siendo guiados, viendo a otros ser guiados, o consultando una guía, éste es un augurio de una importante oportunidad llegada a través de un amigo influyente.

GUILLOTINA

Estamos a punto de perder la cabeza, tal vez no

literalmente pero sí por nuestra actitud irreflexiva y excesivamente pasional, especialmente en asuntos de amor y dinero. Convendrá que actuemos con frialdad para no seguir cometiendo errores.

GUIRNALDA

Llevar una guirnalda de flores sugiere que saldremos victoriosos de una difícil situación gracias a nuestro modo de pensar. Recibir una guirnalda es una señal de progreso hacia nuestro objetivo, pero dar una guirnalda es una advertencia de la presencia de falsas e inescrupulosas amistades que podrían causarnos algún daño.

GUISANTES

Abrir una vaina de guisantes predice una serie de leves complicaciones. Para un hombre, desenvainar guisantes en un sueño significa que conocerá una mujer muy emprendedora que lo apoyará en lograr el éxito y la prosperidad. Para una mujer, desenvainar guisantes es un anuncio de que su pareja la desilusionará como amante.

GUITARRA

Ver una guitarra indica que es posible que hayamos atravesado una época muy desafortunada y tormentosa. Pero ya están a punto de llegar noticias de una mejoría radical. Si soñamos que tocamos la guitarra, nuestras relaciones amorosas y familiares serán armoniosas y llenas de comprensión.

GUSANO

Por su capacidad de transformarse en mariposa, el gusano simboliza la transición o la elevación desde un estado inferior a uno superior. En este sentido presagia cambios positivos en nuestra vida. Pero también hay gusanos que tienen que ver con los aspectos más bajos de la existencia, con la corrupción y la podredumbre. Éstos son los gusanos que se encuentran en las frutas o en el cuerpo de los muertos. Cuando en el sueño aparece un solo gusano, esto puede significar que en nuestra vida hay una presencia negativa e indeseable.

HABICHUELAS

Si bien tradicionalmente soñar con habichuelas es un anuncio de prosperidad debido a la riqueza que ellas encierran, también tiene una vieja asociación con el mundo subterráneo y las almas de los muertos. Las habichuelas han sido alimento sagrado, ofrecidas en rituales de distintas culturas a los muertos. Los griegos consideraban a las habichuelas como símbolo de la transmigración del alma a la inmortalidad. Otros significados son: fertilidad y placer erótico.

HABILIDAD

Cualquier sueño en que nuestra habilidad es reconocida, anticipa que lograremos el éxito gracias a nuestro talento. Perseverando nos podremos diferenciar de los demás y lograr la felicidad, que vendrá de la mano del éxito. Además, si nosotros nos impresionamos por nuestra propia habilidad, o la de alguna otra persona, el sueño anticipa la llegada de una pequeña suma de dinero que resultará sumamente útil.

HABITACIÓN

Si soñamos con estar en una habitación extraña, o entrar en ella, acontecimientos sorpresivos o extraordinarios nos harán sentir muy confundidos. También habrá un cambio en nuestra vida, probablemente un cambio de residencia. Estar o entrar en una habitación conocida denota que ya hemos tomado una decisión con respecto a un problema preocupante.

HABLAR

Oír hablar en sueños sin comprender el significado de las palabras, o hablar nosotros sin comprender lo que decimos, refleja nuestro temor a ser calumniados.

HACHA

Sostener un hacha brillante y lustrosa significa que triunfaremos en nuestro trabajo. Si es una mujer joven quien la sostiene, el sueño indica que pronto conocerá un amante honesto y confiable. Un hacha desafilada significa que debemos prestar más atención a nuestra vestimenta.

HADA

Soñar con hadas es característico de una persona inmadura y romántica. Deberemos procurar trazarnos metas más realistas.

HALCÓN

Simboliza la libertad, el ascenso en todos los planos. Soñar con capturar o matar un halcón, podrá representar un aumento en nuestra fortuna o adquisiciones muy favorables.

HALO

Ver a alguien con un halo a su alrededor anuncia malas noticias. Si éramos nosotros los que lucíamos el halo, esto predice viajes al extranjero. Un halo de luces visto alrededor de algún objeto augura logros valiosos.

HAMACA

Si en el sueño estamos recostados en una hamaca, disfrutaremos de felicidad en nuestras relaciones románticas. En cambio, ver a otros en una hamaca, nos advierte que debemos estar prevenidos contra un posible desastre ocasionado por la irresponsabilidad de otros.

HAMBRE

Sentir hambre representa insatisfacción en cualquier plano. Puede también ser presagio de mala suerte en los negocios o en las relaciones amorosas.

HEBILLA

Una hebilla suelta indica la presencia de conflictos en la pareja que podrían terminar en problemas legales. Un sueño en el que ajustamos una hebilla significa que debemos prestar más atención a nuestras relaciones de negocios. Una hebilla ajustada, en cambio, señala la gran firmeza de los lazos familiares.

HECHIZAR

Un sueño que involucre esta acción nos advierte que dejemos de perder tiempo con personas y actividades insignificantes.

HELECHO

Si soñamos que yacemos entre helechos, quiere decir que pronto viviremos una experiencia excitante.

HERENCIA

Recibir una herencia en un sueño constituye una muy buena señal, a menos que sea de alguien muy cercano en la familia, en cuyo caso, el sueño pronostica un período de adversidad.

HERIDA

Sufrir una herida física sugiere que estamos rodeados de fuerzas hostiles, y que por lo tanto, debemos actuar con extremada cautela y precisión para poder superarlas.

HERMANO

Se trata de un sueño de proyección. Soñar con hermanos, sobre todo si ellos no existen en la vida real, significa transferirle a ellos emociones, cualidades y atributos que en realidad son nuestros. Un sueño objetivo de unión entre hermanos, es una indicación de seguridad financiera. Soñar que discutimos con una hermana, augura que ocurrirá una desgracia en el sector doméstico. Si, en cambio, la que sueña es una mujer, anuncia estabilidad y dicha en el sector doméstico. Y si ella, a la vez, sueña que discute con un hermano, eso vaticina la adquisición de una fortuna que mejorará las condiciones de su hogar.

HERRADURA

Encontrar una herradura es siempre buen augurio: tendremos protección contra la mala suerte, el demonio y la enfermedad.

HERRERO

Soñar con un herrero depara angustias e infortunio en nuestro camino. Si lo vemos herrando un caballo, surgirán obstáculos que impedirán el avance de nuestros proyectos.

HERVIR

Deberemos mantener nuestras emociones e impulsos bajo control en todo momento. Es posible que tengamos cierta tendencia a las explosiones emotivas que no nos traerán ningún beneficio.

HIEDRA

Ver crecer la hiedra a través de puertas o paredes indica la lealtad de nuestros amigos; en el interior de la casa y en macetas, indica la felicidad; enroscada alrededor de un árbol, simboliza salud y vigor.

HIELO

La presencia de hielo en un sueño puede ser buena o mala. Sentarse sobre hielo predice una confortable vida, mientras que caminar sobre hielo anuncia una posible pérdida. Deslizarse o resbalarse sobre hielo anticipa próximas dificultades e inconvenientes. Ver hielo flotando en un lago o en las claras aguas del mar, indica que lograremos vencer a la oposición. Soñar que ponemos hielo en las bebidas nos sugiere que dejemos de perder tiempo, dinero y energía en actividades innecesarias. Patinar solos sobre hielo significa el reconocimiento por nuestro duro trabajo, pero si estábamos acompañados, el sueño nos advierte acerca de nuestro comportamiento indiscreto.

HIERRO

En la antigüedad muchos creían que el hierro en un sueño era símbolo de dificultades, aunque otros preferían considerarlo como un símbolo de fortaleza. En la actualidad se cree que el hierro, en cualquier forma y color, predice el lento pero firme progreso hacia los objetivos del soñante.

HIGADO

Soñar que sufrimos un malestar en el hígado es una clara señal de progreso y mejoramiento general. Comer, cocinar o servir hígado promete una buena salud, mientras que beber o dar aceite de hígado en un sueño predice un corto pero intenso romance.

HIMNO

Toda música en un sueño es un signo favorable, especialmente si la melodía es agradable al oído. Escuchar un himno cantado anuncia que aquellas personas sentimentales vivirán momentos que los colmarán de dicha.

HIPOTECA

Soñar con que tenemos que pagar una hipoteca genera una sensación angustiosa. A veces revela que nos sentimos prisioneros en algún orden de la vida, no solamente por un compromiso económico.

HORCA

Ver una horca es una señal de ruptura y separación. Si estamos casados, de divorcio. Si en el sueño vemos a una víctima colgando de la horca significa que tendremos que vencer un gran obstáculo para lograr la total felicidad.

HORMIGAS

Las hormigas pueden ser vistas, o bien como una plaga, o bien como un ejemplo de trabajo y dedicación. Si observamos a estos insectos mientras llevan a cabo sus tareas y hábitos laboriosos, seguramente sufriremos un castigo por no cumplir con nuestras obligaciones. Por el contrario, si vemos a las hormigas como una plaga, invadiendo nuestro hogar y metiéndose en nuestra ropa, seremos víctimas de varios malestares aunque no muy severos.

HORNO

Un horno caliente o templado sugiere que nuestros presentes esfuerzos brindarán sus frutos mucho antes de lo que imaginamos. En cambio, ver un horno totalmente frío y apagado en un sueño, indica una posible culpa por la pérdida de un gran amigo o una buena oportunidad.

HUÉRFANO

Soñar con huérfanos en un orfanato indica que nuestro egocentrismo está por causarnos la pérdida de una valiosa amistad. Sin embargo, cualquier otro sueño con huérfanos o en directa relación con ellos, sugiere un aumento de nuestros bienes materiales y la llegada de una herencia lejana.

HUERTO

Un huerto fértil, colorido y con frutos maduros traerá seguramente toda la buena suerte que necesitamos para lograr nuestras metas. Sin embargo, ver un huerto con frutos verdes predice un progreso lento, pero que igualmente nos llevará al éxito.

HUESO

Si soñamos con deshuesar la carne habrá pobreza y necesidades. Es necesario tratar de ahorrar para una situación crítica que se avecina. Ver animales mordiendo huesos, indica que un acontecimiento muy desafortunado nos hará caer en la ruina. Si soñamos con huesos humanos, recibiremos una sorpresa muy agradable. Ver un montón de huesos puede ser presagio de una enfermedad muy seria. Verse muy delgado, con huesos protuberantes, nuestras amistades o asociados tratarán de engañarnos o estafarnos. No debemos confiar en nadie.

HUEVO

Comienzo, nacimiento. El huevo, fecundado e incubado, crea una nueva vida. En un sueño, este "nacimiento" puede ser el nacimiento de un nuevo proyecto, una nueva etapa en la vida o bien una nueva visión de uno mismo. Como alimento, el huevo en un sueño representa un alimento espiritual.

HUMILLACIÓN

El soñar en ser humillado es una advertencia contra nuestro alarde por nuestra destreza física o mental. Sin embargo, este sueño puede tener también una influencia muy favorable si la humillación proviene de alguien superior a uno. Si, en tal caso, dicha humillación no nos disgusta, sino que nos estimula a luchar por uno mismo y nos da un vigor inesperado, entonces deberíamos utilizar esa energía para superar nuestros defectos y mejorar todo lo posible.

ICEBERG

Un iceberg en un sueño es una clara señal de la existencia de algún obstáculo oculto, el cual es mucho más grande de lo que imaginamos. Sin embargo, con determinación y voluntad podremos superarlo.

IDEA

Tener una buena idea en un sueño predice gran frustración, a menos que la recordemos cuando nos levantamos, en cuyo caso, el sueño vaticina una extraña racha de buena suerte.

ÍDOLO

Cualquier sueño que presente ídolos de cualquier clase predice el descubrimiento de un gran secreto, o la solución detrás de una larga incógnita.

IGLESIA

Ver en sueños el exterior de una iglesia es un buen presagio, pero si el sueño involucra también el interior del edificio, ello indica la presencia de problemas menores que no deberían preocuparnos demasiado. El camposanto de una iglesia es, por su parte, una señal de buena fortuna.

IGNORANCIA

Si otros parecen ser ignorantes en nuestro sueño, seguramente alguien en quien confiábamos nos sorprenderá con una traición. Sin embargo, si somos nosotros los ignorantes y estamos al tanto de ello, el sueño adquiere un significado contrario e indica que recibiremos importantes elogios.

IGUANA

Este extraño animal presagia un inusual evento social o bien la llegada de nuevas amistades.

ILUSIÓN

Si en el sueño nos damos cuenta de que lo que

estamos viviendo es una ilusión, seguramente en la vigilia podremos descubrir grandes secretos.

IMÁN

Ver un imán en un sueño puede significar que nuestro inconsciente trata de advertirnos acerca de ciertas cosas que nos atraen mucho, las cuales, a nivel consciente, rechazamos y nos negamos a admitir. En tal caso, debemos tratar de identificar qué es lo que el imán atrae, para así poder descifrar lo que añoramos inconscientemente. Si un hombre sueña con un imán, podría encontrarse en una situación embarazosa provocada por una mujer, lo cual a su vez, le causaría pérdidas en los negocios y peleas con sus amigos. Si una mujer sueña con un imán, se le presentará la oportunidad de acumular riquezas, a través de un matrimonio o un negocio provechoso.

IMPACIENCIA

Si alguien, o nosotros mismos, aparece impaciente en el sueño, esto predice una posible discusión o conflicto en nuestro círculo de amigos. Lo indicado sería evitar prejuzgar a los que nos rodean.

IMPOSTOR

Soñar que nos engaña un impostor nos advierte acerca de un posible período de estancamiento en los negocios y la vida social.

IMPOTENCIA

Sentirse impotente en un sueño anuncia que se avecina una enfermedad o que sufriremos cualquier problema de salud. Padecer de impotencia sexual en el sueño señala la posibilidad de ganar algún premio u obtener alguna riqueza inesperada. Podría también indicar una cierta insatisfacción sexual. Sin embargo, este sueño es característico de la persona romántica, que da gran importancia al amor y a lo espiritual, por sobre los placeres físicos. Si es una mujer la que sueña con un hombre impotente, esto es una clara señal de insatisfacción, aunque no necesariamente en el ámbito sexual, podría ser en los negocios o en lo social, pero para saber en qué ambito ocurrirá, es necesario analizar todos los aspectos del sueño.

IMPUREZA

Este es un sueño con significado contrario. Cualquier impureza que en el sueño representa un peligro, es en realidad una señal de felicidad y bienestar.

INCIENSO

Ver un incienso quemándose, o bien quemarlo uno mismo, predice una placentera aventura con una persona del sexo opuesto. Oler el aroma de un incienso en un sueño pronostica viajes al exterior.

INCISIÓN

Este sueño anuncia problemas legales, a menos que el soñante sea un cirujano, en cuyo caso, el sueño no tiene ningún significado.

INCUBADORA

Vistas en un sueño, las incubadoras son un claro símbolo de ansiedad. Sin embargo, no debemos preocuparnos ya que podremos llevar a cabo nuestras obligaciones exitosamente.

INDIA

Soñar que viajamos a la India señala nuestra angustia por algún asunto personal. Soñar con un hindú, por su parte, anuncia grandes ganancias financieras y aventuras que nos brindarán nuevas y placenteras experiencias.

ÍNDICE

Las relaciones con el sexo opuesto mejorarán considerablemente después de un sueño en el que consultamos o buscamos algo en un índice.

INDIFERENCIA

Si en el sueño sentimos indiferencia hacia otras

personas o cosas, seguramente tendremos amistades y relaciones sociales muy agradables, aunque poco duraderas. Sentir indiferencia por parte del ser amado es aviso de que la persona amada no sabe expresar su cariño y afecto en la forma correcta.

INDIGESTIÓN

Es muy posible que nos veamos agobiados por nuestra situación económica, pero de ninguna manera debemos permitir que la ansiedad y el exceso de preocupaciones afecten nuestra salud.

INFECCIÓN

Una pequeña infección en el sueño puede significar una advertencia acerca de posibles pérdidas debidas a malos consejos de nuestros propios amigos. Debemos estar atentos y cuidar muy bien nuestros negocios así como solicitar ayuda profesional, si es necesario.

INFERIORIDAD

Si en el sueño nos sentimos inferiores significa que recibiremos gran reconocimiento y nos felicitarán por nuestros admirables logros.

INFIDELIDAD

Ver en sueños a un amigo siendo desleal o cometiendo una traición indica que esa persona nos admira y nos estima mucho. Ver que nuestro amante nos es infiel significa que viviremos un matrimonio feliz y agradable.

INFLUENCIA

Soñar que cualquier persona tiene una gran influencia sobre nosotros y sobre nuestras acciones anuncia que varios traidores conspirarán en nuestra contra.

INGENIERO

Tendremos que realizar largos viajes en los cuales disfrutaremos de reuniones sociales placenteras y provechosas si soñamos con un ingeniero.

INGRATITUD

Soñar con personas ingratas revela remordimientos ocultos en la propia conciencia. Soñar que otra persona es ingrata sugiere que confiemos en nuestro propio criterio ya que las opiniones de otros estarán erradas y podrían confundirnos. también es posible que alguien nos pida un favor o que tengamos que brindar nuestra ayuda a los demás.

INGRESOS

Si nuestros ingresos en el sueño eran demasiado grandes, esto predice algunos problemas financieros; si eran pequeños o insuficientes, podemos esperar un aumento de los mismos, así como también el alivio de alguna situación financiera o deuda angustiante.

INJURIAR

Si soñamos que somos injuriados, indica que pronto tendremos una disputa con algún individuo con el que hacemos negocios. Si estamos enamorados, tengamos en cuenta que alguien puede habernos traicionado con el objeto de nuestro amor, procurando no descuidar la atención hacia nuestra pareja.

INSECTOS

Este sueño anuncia obstáculos. Si podíamos deshacernos o matar a los insectos, significa que nuestras dificultades no serán tan serias como suponemos. Si únicamente vemos insectos en nuestra casa y no los combatimos, esto sugiere que debemos procurar ser más considerados y comprensivos con los que nos rodean. Debemos tener paciencia y ser más condescendientes si no queremos perder el afecto de una persona muy querida. Matar insectos con veneno, indica que solucionaremos un gran misterio que nos había mantenido muy intrigados e indecisos.

INSIGNIA

Ver una insignia o llevarla puesta es característstico de una personalidad fanática, de poca flexibilidad y mente muy conservadora.

INSTRUMENTOS

Ver un instrumento musical en un sueño anticipa la llegada a nuestra vida de una persona que nos consolará y nos hará sentir llenos de vida y vitalidad. Si en el sueño compramos instrumentos musicales, ello indica que nuestra vida se llenará de alegría y se nos presentarán oportunidades de participar en actividades muy placenteras. Por otra parte, ver instrumentos musicales rotos indica que todas las reuniones y actividades sociales en las que participemos se verán opacadas por la presencia de personas desagradables.

INSULTO

Ya sea que nosotros insultamos a alguien o viceversa, el sueño simboliza lealtad de nuestros amigos y la estima de todos nuestros socios y semejantes.

INTÉRES

Soñar con pagar un interés nos advierte acerca de nuestra gran extravagancia, la cual deberíamos controlar. Recibir un interés, por otra parte, predice varios cambios en el futuro.

INTÉRPRETE

Soñar con un intérprete significa que los negocios que estamos planeando no rendirán las utilidades que nos imaginamos.

INTESTINOS

Sentir dolor en los intestinos depara mala fortuna y decepciones en el amor. Soñar simplemente con ese órgano es vaticinio de problemas, posiblemente, una pelea con un buen amigo. Ver los intestinos de un animal señala un importante cambio de nuestro estilo de vida.

INTOLERANCIA

Si soñamos con ser intolerantes, seguramente nos desilusionaremos con un amigo; en cambio, si otras personas eran intolerantes, ello predice un regalo inesperado de gran valor, así como también una posible herencia.

INTRIGA

Ser víctimas de la intriga señala una situación difícil e inestable, la existencia de fuertes enemigos que tratan de derribarnos. Iniciar una intriga uno mismo es sueño típico de la persona capaz de llegar a cualquier extremo con tal de conseguir lo que se propone.

INVÁLIDO

Nuestro éxito se verá demorado si soñamos con ser inválidos; pero si eran otros los inválidos, seguramente tendremos que ayudar a algún amigo o pariente necesitado.

INVENTO

Es casi seguro que cumpliremos nuestro más grande deseo si soñamos con un nuevo invento o con un inventor.

INVERNADERO

Amor, éxito y un futuro brillante en general es la promesa de un sueño en el cual nos vemos en un invernadero.

INVIERNO

En los sueños tiene dos simbologías: augurio de penurias económicas o la necesidad de replegarnos para volver a la acción con nuevos bríos, tal como sucede cuando termina el invierno y comienza la primavera.

INVITACIÓN

Ver dar o recibir invitaciones es un augurio contradictorio ya que anticipa un período de aburrimiento o estancamiento, a menos que recibamos una invitación verbal, en cuyo caso predice un aumento de nuestra vida social.

ISLA

Soñar con una isla simboliza aislamiento y soledad. Si la isla está rodeada de agua clara el sueño augura viajes afortunados y muy dichosos. Encontrarnos solos en una isla significa que nuestra conciencia no está tranquila y que nos sentimos culpables por algún error que hemos cometido. Si alguien nos rescata de la isla en la que nos encontramos solos, ello indica un alto deseo de reanudar contactos sociales de los cuales nos encontrábamos aislados. Si estamos acompañados en la isla significa que estamos viviendo en un mundo ajeno, romántico, lleno de fantasía y muy distinto al real.

JABALÍ

Todo depende de nuestra acción en el sueño. Si corríamos al jabalí o bien nos escapábamos de él, debemos estar preparados para un gran fracaso o una gran desilusión. En cambio, si lo matábamos, podemos esperar un ascenso en el trabajo.

JABÓN

Debemos tener en cuenta los detalles para llegar a una correcta interpretación. Principalmente, si el jabón poseía una agradable fragancia, ello predice gran satisfacción en el amor. Jabón para lavar la ropa, por otra parte, señala un impedimento, un problema que tendremos que resolver para poder alcanzar el éxito.

JACARANDÁ

Este árbol en un sueño señala el crecimiento de nuestra felicidad.

JALEA

Un sueño en el que vemos o saboreamos jalea predice un período de depresión y pena, posiblemente ocasionado por la pérdida de un buen amigo. Ver también Gelatina.

JAMÓN

No importa cuál sea la acción, el jamón visto en sueños es un excelente presagio. Vernos cocinándolo indica que nuestras presentes dificultades conducirán finalmente a la buena fortuna. Comerlo predice suerte en asuntos financieros.

JARABE

En general es un buen augurio. Verlo en un sueño es anuncio de felicidad y armonía en las relaciones con los amigos. Derramarlo -sobre el suelo o sobre uno mismo- simboliza un aumento material.

JARDÍN

Los jardines, especialmente aquellos llenos de plantas y flores, simbolizan nuestra existencia y nuestra realización como personas. La fertilidad del jardín en el sueño indica nuestro estado espiritual, nuestra alma. Un jardín bello y florecido señala el crecimiento espiritual. En cambio, un jardín con flores marchitas y plantas secas indica que existe un conflicto emocional que debemos atender de inmediato. Los jardines simbolizan también un refugio, un lugar en donde uno puede estar seguro y a salvo. Un jardín lleno de frutas y vegetales, en lugar de plantas y flores, simboliza el alma vegetal del ser humano (ver Vegetales), su raíz en la tierra y en el inconsciente. Por último, un jardín que aparezca en los sueños de enfermos terminales representa el paraíso y es un símbolo de la transición entre la vida terrenal y la vida eterna.

JARDINERO

El jardinero es un símbolo de crecimiento espiritual, de mejoramiento del alma. El jardinero facilita el crecimiento, retira los desechos y los escombros, evita el crecimiento de malezas y hierbas; limpia. La figura del jardinero representa un trabajo, alguna tarea sucediendo a nivel del inconsciente.

JARRA

Una jarra en nuestro sueño vaticina un acontecimiento social de gran importancia en el que conoceremos gente de mucho poder.

JAULA

Para la interpretación de este sueño debemos tener en cuenta todos sus detalles. En principio, si la jaula estaba llena de pájaros, significa que tendremos un rápido alivio de nuestra ansiedad, posiblemente gracias a una herencia que estamos por recibir. Una jaula vacía, con la puerta abierta, es una señal de que nuestra pareja está por abandonarnos. Ver una persona dejar escapar un pájaro de una jaula predice una pérdida que sufriremos debido a nuestro propio descuido.

JAZMÍN

Esta flor presente en un sueño es presagio de éxito en el amor y las relaciones con el otro sexo.

JAZZ

Escuchar esta clase de música en un sueño nos advierte acerca de no comenzar ninguna actividad económica que esté más allá de nuestras posibilidades; es mejor sufrir un pequeño disgusto o una leve desilusión ahora que enfrentar un apuro financiero más adelante. Por supuesto, si el soñante es músico de jazz o simplemente un melómano de esta clase de música, el sueño no tiene ningún significado especial.

JESÚS

Soñar con Jesucristo anuncia que tendremos mucho éxito en los negocios. Si en el sueño rezamos frente a una imagen de Jesús, ello indica que ganaremos la admiración de los que nos rodean, y que alcanzaremos fama y popularidad. Si el nos habla durante el sueño, debemos prestar atención a lo que nos dice, ya que sus palabras podrían ser un mensaje de nuestro propio subconsciente, al que deberíamos prestar mucha atención, puesto que en él se esconden muchos secretos acerca de uno mismo. Si en cambio hablamos con Jesús, el sueño presagia un hermoso acontecimiento en una etapa aburrida de nuestra vida.

JIRAFA

Ver una jirafa significa que el soñante es dueño de un espíritu inquieto y curioso, el cual le permite alcanzar metas muy altas.

JOCKEY

El significado de este sueño varía según el sexo del soñante. Para un hombre este sueño es una advertencia acerca de su obsesiva pasión; para una mujer, predice una interesante propuesta.

JOROBA

La presencia de un jorobado en nuestro sueño presagia diversos cambios que traerán consigo grandes dificultades. Si nosotros tenemos una joroba, el sueño anuncia que nos veremos envueltos en una situación vergonzosa. Lo más indicado después de este sueño es no dar mucha confianza a nuestros parientes y amigos, y mantenernos aislados por un tiempo, evitando así chismes y rumores que podrían perjudicarnos.

JOVEN

Ver gente joven en un sueño es un buen augurio y, por lo general, predice la reconciliación entre miembros de la familia que se encontraban distanciados. Este sueño denota también un período especial para la renovación general, para embarcarse en nuevos proyectos, para hacer nuevos planes y establecer un nuevo comienzo en general. Si una persona mayor sueña que rejuvenece, ello indica su gran esfuerzo por aprovechar una buena oportunidad, que sin embargo, resultará en vano.

JOYAS

El significado se encuentra en la cualidad y calidad de las joyas. Si observábamos un montón de genuinas y valiosas joyas, el sueño representa un excelente augurio para cualquiera que sean nuestros intereses. En cambio, si las joyas eran falsas o poco valiosas, ello nos advierte sobre nuestra exagerada vanidad, que puede hacernos actuar de manera infantil. Soñar que robamos joyas indica la necesidad de prestar más atención a los negocios y a los asuntos financieros. Dar o recibir joyas, comprar o venderlas, tiene relación con el amor y los asuntos domésticos y, por lo general, es considerado de muy buen augurio. Usar joyas es una advertencia acerca de un comportamiento compulsivo.

JUANETE

Este sueño tiene un significado contrario. Sentir dolor por un juanete es símbolo de un futuro bienestar durante la vejez.

JUBILACIÓN

Este sueño puede tener dos significados opuestos. Por un lado, el genuino deseo de parar, de descansar, de ya no tener que luchar más por el sustento. Por el otro, puede encerrar también el temor a envejecer y ser considerado inútil.

JUDÍO

Ver un judío indica que lograremos grandes ganancias en los negocios, mientras que hablar o tratar con un judío vaticina la felicidad y la armonía en el sector doméstico. Hacer negocios con un judío en un sueño es señal de prosperidad y éxito en todos nuestros asuntos financieros.

JUEGO, JUGAR

Soñar que estamos en una mesa de juego, apostando dinero y rodeados de jugadores avaros y viciosos, significa que estamos ante una gran oportunidad y que debemos prepararnos para encararla de inmediato. Si en cambio, soñamos que perdemos dinero en el juego, esto indica que pronto podremos adaptarnos a nuestro modo de vida sin tener que sufrir más de la cuenta. Si soñamos que ganamos, el sueño simplemente representa una advertencia en contra del juego.

JUEZ

Un período de inconvenientes y problemas legales se aproxima si soñamos con ser un juez, ver o hablar con uno. Sin embargo, podemos estar tranquilos ya que estos problemas serán seguramente pasajeros.

JUGO

Soñar con tomar cualquier clase de jugo anuncia la llegada de la ayuda financiera que tanto necesitamos. Soñar que servimos jugo significa que nos pedirán un préstamo o algo similar.

JUGUETE

Ver o recibir juguetes en un sueño es una señal

de nuestro perfecto comportamiento y dedicación en la vida, y representa regalos o premios por dicha conducta. Si los juguetes son viejos o están rotos, ello indica que sufriremos algunos problemas provocados por nuestros propios errores. Ver niños con juguetes es un anuncio de casamiento, propio o bien de alguien muy cercano.

JULIO

Soñar con el mes de julio en cualquier otro mes del año nos advierte que no aceptemos, por el momento, ninguna propuesta que nos hagan, sin importar lo atractiva que parezca. Si igualmente debemos aceptarla, es importante analizar y pensar todo muy bien antes de hacerlo.

JUNGLA

Soñar con una jungla representa una advertencia acerca de no involucrarnos en asuntos ajenos y nos sugiere, a su vez, que cuidemos muy bien de nuestros recursos. Sin embargo, caminar por una selva predice un infantil romance que nos meterá en un serio problema si no sabemos terminarlo en su debido momento.

JUNIO

Soñar con el mes de junio en cualquier mes del año anuncia que viviremos un intenso romance, nosotros o alguien muy cercano.

JURADO

Ver un jurado indica el reconocimiento de nuestro prestigio y nuestro valor por parte de personas por quienes tenemos un alto respeto. En cambio, soñar que formamos parte de un jurado, sugiere que, en lugar de guiarnos por las opiniones de los demás, confiemos más en nuestra propia intuición a la hora de tomar decisiones importantes.

JURAMENTO

Dar u oír un juramento predice un repentino aumento de estatus social y financiero.

KARATE

Si en nuestro sueño alguien utiliza esta técnica de defensa personal, ello nos advierte sobre un posible obstáculo en nuestros largos planes y ambiciones. Pero si nosotros somos los que practicamos ese arte marcial, podemos esperar buenos resultados en todas nuestras actividades.

KEROSENO

El olor de este combustible señala la aparición de nuevos intereses, luego de una larga etapa de aburrimiento.

KIOSCO

Ver un kiosco anuncia un posible romance o aventura con el sexo opuesto. Seguramente, enfrentaremos la situación con una leve vacilación, dado que ocurrirá repentinamente, pero no obstante, debemos tratar de tomar una decisión de inmediato.

LABORATORIO

Lograremos resolver un gran misterio, si soñamos que trabajamos en cualquier clase de laboratorio.

LABERINTO

Soñar que nos perdemos en los enredados senderos de un laberinto, significa que tendremos que solucionar un entuerto o problema que hemos provocado.

LABIOS

Ver labios finos y pequeños en un sueño nos incita a no prejuzgar innecesariamente a la gente. Labios hermosos y carnosos significan una excelente vida sexual y la felicidad en el amor. Labios secos o resquebrajados señalan una pérdida de estatus social y un mal período para los negocios. Los labios pequeños de un bebé indican la presencia de una muy buena amistad en donde menos lo esperamos.

LACA

Utilizar laca en un sueño para recubrir pisos o muebles indica que viviremos un torbellino amoroso con alguien extranjero.

LADRIDO

La interpretación de este sueño depende de la naturaleza del sonido. Si se trataba de un sonido agresivo o amenazante, el mensaje es cuidarse de pérdidas provocadas por mal llamados amigos. Si el sonido era alegre y hospitalario, podemos esperar acontecimientos beneficiosos a la brevedad.

LADRILLO

Ver un ladrillo puede indicar próxima inestabilidad en los negocios. El ámbito amoroso estará muy turbulento y plagado de disgustos. Si en el sueño fabricamos ladrillos, seguramente no haremos mucho dinero.

LADRONES

No hay nada de qué preocuparse después de un sueño en el que vemos ladrones. Por el contrario, debemos alegrarnos ya que significa un aumento en nuestros bienes. Si un ladrón nos apunta con su arma, esto predice una invitación que recibiremos para colaborar en una obra de beneficencia. Por ultimo, si logramos deshacernos de los ladrones, seguramente recibiremos dinero, tal vez, de una herencia.

LAGARTIJA

Este reptil, presente en nuestro sueño, indica la existencia de falsas amistades o traidores en nuestro círculo de amigos. Una lagartija muerta predice un exitoso combate para proteger nuestra posición y prestigio. Objetos fabricados con la piel de este reptil, como carteras, bolsos y zapatos, predicen un aumento de nuestros ingresos.

LAGO

Un lago tormentoso predice un posible desastre. únicamente si perseveramos y esta situación no nos supera, lograremos triunfar. Si en el sueño navegamos por el lago en estas condiciones y nuestra embarcación vuelca, tendremos problemas familiares. Por el contrario, si navegamos por un lago calmo, con un clima agradable, el augurio es de paz y felicidad. Navegar por un lago a la luz de la luna, anuncia un feliz romance.

LAGUNA

Navegar en un bote a solas por una laguna predice peligro en los accidentes de tránsito. Si en cambio, navegamos acompañados de una o más personas, el sueño indica que encontraremos a un viejo amigo bajo extrañas circunstancias.

LAMER

Soñar que nos lame un animal indica que pronto tendremos que aconsejar a algún amigo o familiar acerca de un asunto muy serio. En tal caso, debemos brindar toda nuestra ayuda, pero evitar hacer del asunto algo personal. Soñar que nos lame un bebé, por otra parte, señala un feliz final para todos nuestros problemas. Si en el sueño éramos nosotros los que lamíamos algo, esto es una clara señal de nuestra felicidad y satisfacción en nuestras tareas.

LÁMPARA

Encender una lámpara indica que alguien a quien hemos ayudado nos reciprocará. Apagarla significa que podremos tomar aquellas vacaciones que tanto deseamos. Colgar una lámpara como señal para guiar a la gente predice que tendremos una racha de buena suerte. Romper una lámpara indica que alguna persona desconfiará de nosotros.

LANGOSTA

Langostas vivas presagian futuras dificultades. Por otra parte, comer, cocinar o servir langosta predice la recuperación de algún objeto que creíamos perdido, así como también el pago de algún préstamo o deuda, o la llegada de una gran suma de dinero.

LANZA

Usar una lanza en un sueño es símbolo de una buena relación amorosa, especialmente si la utilizamos para atrapar peces a orillas de un río o arroyo.

LARINGITIS

Soñar que se sufre de laringitis y se pierde la voz es una advertencia acerca de no hacer apuestas innecesarias, al igual que negocios arriesgados, por un tiempo.

LATA

Soñar con abrir una lata de comida es señal de que alguien a quien apreciamos mucho, nos avergonzará. Si en el sueño nos cortamos con una lata, perderemos dinero en una mala inversión.

LATÍN

Un sueño en el que escuchamos hablar esta lengua o bien la vemos escrita, predice un largo período de frustración y adversidad. Sin embargo, con paciencia y esfuerzo podremos superar esa etapa.

LAUREL

Si en el sueño veíamos laurel creciendo, el augurio es de éxito y bienestar. Si recogíamos laurel, el sueño indica el triunfo sobre nuestros enemigos y la superación de obstáculos. Pero si en el sueño recibíamos una corona de laureles, ello significa que el excesivo orgullo precede al fracaso y, por lo tanto, no deberíamos dejar que la buena suerte se nos suba a la cabeza.

LAVA
Si en el sueño vemos la presencia de lava proveniente de un volcán, ello indica que nuestra vida social se tornará más excitante, aunque ello implique un aumento de nuestros gastos.

LAVANDA
Ver lavanda crecer u oler su aroma predice placenteras relaciones con el sexo opuesto.

LAVANDERÍA
Soñar que lavamos nuestra propia ropa en la lavandería, significa que obtendremos sorpresivos e inesperados beneficios, seguramente financieros, a través de un conocido al que dejamos una muy buena impresión.

LAXANTE
Tomar un laxante indica que seremos requeridos para llevar a cabo una difícil tarea que nos será beneficiosa. Pero si en el sueño proporcionábamos laxantes a otras personas, ello indica el éxito donde esperábamos el fracaso.

LAZO
Para las personas casadas, arrojar un lazo exitosamente es una muy buena señal. Por otra parte, estar atado con un lazo predice una situación avergonzante entre nuestros amigos.

LECHE
Símbolo de nutrición y vigor. Excelente augurio de robustez y salud en todo lo que emprendamos. También, es símbolo de suerte en el azar y las especulaciones financieras.

LEGADO

Este sueño predice significados opuestos. Si uno es el que lega algo, recibirá alguna cosa de valor en cambio, si uno es el beneficiario del legado soñado, deberá estar preparado para alguna pequeña pérdida.

LEÓN

Un león presente en nuestro sueño indica nuestra prestigiosa posición social y nuestro poderoso liderazgo. Si escuchamos rugir, significa que tendremos que combatir los celos de alguien cercano a nosotros. Un amigable cachorro de león predice la llegada de una buena y duradera amistad.

LEOPARDO

Estos animales manchados son un claro símbolo de peligrosos enemigos y rivales, aunque es necesario tener en cuenta todos los detalles del sueño para una clara interpretación.

LEPROSO

Sufrir de lepra en un sueño anuncia períodos de frustración, adversidad y pena.

LETRINA

Nuestros asuntos financieros y nuestros negocios llegarán a un exitoso final, si soñamos que ingresamos a una letrina.

LEVANTAR

Un sueño en el que levantamos a alguien o bien alguien nos levanta a nosotros, presagia felicidad y progreso.

LIBRO

Fuente de la sabiduría y la información, en el sueño expresa nuestra necesidad de conocer algún aspecto no explorado y, frecuentemente, oscuro de nosotros mismos. Un libro roto simboliza algo que nos resulta indeseable. Un libro nuevo está asociado con el comienzo de algo nuevo en nuestra vida. Un libro al cual le faltan páginas, anuncia que algún episodio de nuestro pasado que deseamos mantener oculto, resurgirá en nuestro presente. Libros esparcidos por el suelo, anuncian proyectos inacabados.

LILAS

Ver lilas y oler su aroma, ya sea en el exterior o en el interior de una casa, significa que una amistad llegará pronto a su fin, lo cual nos afectará, aunque con el tiempo resulte haber sido lo mejor.

LIMA

Un sueño en el que saboreamos u olemos lima artificial, vaticina un aumento de nuestros ingresos. Para la fruta, consultar el significado de **LIMÓN**.

LIMÓN

En general, no es una muy buena señal, aunque la interpretación cambia debido a la acción. Por lo tanto, si en el sueño mordíamos un limón, ello predice problemas en el ámbito social; si lo exprimíamos, futuros inconvenientes de dinero y una gran necesidad de economizar nuestros recursos. Sin embargo, soñar con preparar, servir o beber limonada indica que lograremos gran popularidad entre nuestros semejantes.

LIMOSNA

El dar limosnas es un buen signo y trae consigo buena suerte, mientras que negar limosna a un mendigo, predice mala suerte y adversidad en nuestro porvenir.

LITERA

Es un mal augurio soñar que dormimos en una litera, ya sea en una cabaña o en el camarote de un barco. Probablemente, necesitemos dinero muy pronto, pero éste será muy difícil de conseguir.

LLAMAR

Oír en sueños que nos llama por nuestro nombre alguien a quien no podemos identificar, predice noticias importantes por llegar. Si la voz era la de un amigo o pariente, las noticias tendrán que ver con una enfermedad en la familia.

LLAVE

El significado de un sueño en el que aparezcan llaves varía de acuerdo con la acción, pero como regla general encontrar llaves es un buen augurio, ya que indica que resolveremos pronto un grave problema que nos abruma. Perder llaves predice un pequeño malestar o un disgusto con un amigo. Dar una llave a alguien presagia un cambio favorable en el hogar, mientras que recibir una llave es señal de ayuda por parte de nuestros mejores amigos. Introducir una llave en una cerradura denota gran satisfacción sexual y prosperidad en el amor. Si además damos vuelta la llave dentro de la cerradura, ello indica que se abrirán nuevas puertas y que podremos tomar nuevos rumbos. Una llave rota significa la pérdida de una gran oportunidad. Una llave que no abre, el fracaso de un plan debido a una mala organización.

LLEGADA, LLEGAR

Llegar a una estación de tren, terminal de aeropuerto o autobús señala el final de alguna tarea tediosa. Ver a otras personas llegar indica un buen estado de salud.

LLORAR

Escuchar a un bebé llorar es señal de buenas noticias, sin embargo, escuchar llorar a cualquier otra persona significa que alguien cercano, probablemente un amigo o familiar, tendrá serios problemas. En tal caso, debemos prestar toda nuestra ayuda y brindarle mucho cariño.

LLUVIA

En los sueños, cualquier clase de contacto con agua puede ser interpretado como un contacto con el inconsciente. Como en muchos otros sueños, los detalles son muy importantes para determinar el correcto significado. Principalmente, debemos tener en cuenta las características de la lluvia. Una suave lluvia primaveral representa una promesa de nuevas y excitantes experiencias. Soñar con un fuerte aguacero durante una etapa de escasez en la vida, señala un mejoramiento sustancial de nuestra situación. En cambio, si actualmente nos encontramos bien económicamente, el sueño adquiere el significado contrario y predice un posible revés financiero. Una leve llovizna anuncia un corto período de dificultad, pero no habrá nada por qué preocuparse.

LOCOMOTORA

La interpretación de este sueño depende de la acción. Si nosotros mismos conducíamos la locomotora, el augurio es de gran éxito y progreso. Si solamente viajábamos en ella, el augurio es igualmente bueno, ya que indica un significativo aumento de nuestros ingresos o de nuestro estatus. Ver una locomotora en un sueño anuncia la llegada de visitas lejanas.

LOGRAR, LOGRO

El significado de este sueño depende de la magnitud del logro y se encuentra en la satisfacción proveniente de él. Cuanto más grande e importante sea nuestro logro en el sueño, más grande será la satisfacción que obtendremos de él.

LOTERÍA

Cualquier sueño que tenga relación con la lotería predice problemas en el hogar.

LUJO

Soñar con grandes lujos representa una advertencia en contra de nuestra pereza. Lo indicado después de este sueño es mantenernos concentrados durante nuestras horas de trabajo y no dejar que nada interfiera con nuestra labor.

LUNA

Soñar con la luna era en la antigüedad un símbolo positivo. En la actualidad, la luna en un sueño presagia inconvenientes por discusiones innecesarias e indica que nuestro éxito depende de nuestro propio esfuerzo. Si en el sueño, la luna parece ser muy brillante (más de lo normal), ello indica que estamos bien seguros de nosotros mismos y que llegado el momento, sabremos muy bien el camino que debemos tomar. Si vemos que la luna se obscurece, esto augura el fallecimiento o enfermedad de algún familiar muy cercano, pero también una posible pérdida de dinero o algún peligro. Si el sueño se trata de un eclipse de luna, esto predice una gran enfermedad que afectará a toda la familia e, inclusive, a otros allegados.

LUNA DE MIEL

Si estamos de luna de miel y soñamos con estarlo, este sueño carece de significado. En cambio, si en cualquier momento soñamos con estar de luna de miel, esto anuncia cambios y amores desafortunados.

LUNAR

Los lunares son un tema muy delicado. Para una correcta interpretación debemos tener muy en cuenta el tamaño, forma y color de los mismos. También, su ubicación en el cuerpo es muy importante. En general, un lunar grande y oscuro es un buen augurio. Por el contrario, si se trata de un lunar claro y pequeño, el augurio no es tan bueno. Un lunar redondo anuncia buena suerte; un lunar peludo, dificultad. La ubicación también modifica el presagio. Del lado derecho del cuerpo significa buena suerte, del lado izquierdo: lo contrario.

LUPA

Usar una lupa indica un aumento de los bienes materiales, o bien una racha de muy buena suerte en las negocios.

LUZ

La luz del día claramente presente en nuestro sueño es una promesa de renovadas esperanzas. Un haz de luz, por su parte, sugiere que pronto lograremos solucionar un largo problema.

MACARRONES

Cocinar, servir o comer macarrones en un sueño anticipa la llegada de inesperados visitantes a nuestro hogar.

MACHETE

Violencia, riña, peleas. Ver o usar un machete es anuncio de problemas y peleas con la gente en general.

MADERA

El significado depende mucho del tipo de madera, pero generalmente, un pedazo de madera común y corriente señala fuerza y voluntad del soñante. Con seguridad, se trata una persona honrada.

MAGIA

Cualquier forma de magia en un sueño manifiesta un cambio inesperado. Verse asombrado por las hazañas de un mago indica una reconciliación con un viejo amigo o un antiguo romance.

MALABARISTA

Soñar con uno de estos artistas manifiesta nuestra dudosa actitud ante una excelente oportunidad financiera. Sin embargo, no deberíamos vacilar ya que el resultado será seguramente positivo.

MALICIA

Ya sea nuestra o de otras personas, cualquier señal de malicia tiene un significado positivo y predice una gran ayuda que nos brindarán nuestros más íntimos amigos.

MANDÍBULA

Un sueño en el que veamos una mandíbula, ya sea la nuestra o la de otras personas, sugiere que tendremos que lidiar con el malicioso chismorreo de algunos enemigos que tratarán de debilitar nuestra relación con aquellos que nos estiman. En tal caso, debemos luchar con energía y no enfrentar la situación en forma pasiva. Estar en las mandíbulas de un monstruo predice un malentendido que pondrá en peligro una muy buena amistad.

MANDRIL
Tendremos suerte si soñamos con este extraño animal. En general, progresaremos en los negocios y en las relaciones de pareja. Los solteros pronto tendrán un matrimonio exitoso.

MANICURA
El sueño no tiene ningún significado especial, si habitualmente acudimos a la manicura. Si en cambio, no acostumbramos ir a la manicura, entonces el sueño nos advierte acerca de conservar nuestros recursos, dado que pronto tendremos que enfrentar un sorpresivo gasto.

MANOS
Una de las partes más expresivas del cuerpo. En el ocultismo son un símbolo de fuerza, autoridad y poder. La mano derecha es la mano del poder, la que da, la que ofrece. La mano izquierda es la de la receptividad y la sumisión. La derecha representa el principio masculino, lo racional, el pensamiento. La izquierda representa el principio femenino, la intuición,el inconsciente. Manos que aplauden: aprobación. Manos fuertes y grandes: éxito y progreso. Manos pequeñas y débiles: impotencia, imprudencia, inseguridad. Manos blancas y limpias: éxito fácil que no demanda esfuerzo. Manos negras y callosas: éxito difícil, habrá que trabajar mucho para conseguirlo. Manos peludas: malos pensamientos. Manos unidas: tensión emocional.

MANSIÓN
Este sueño augura varios cambios desagradables si la mansión que observábamos estaba delicadamente decorada y amoblada. Por el contrario, si la mansión estaba abandonada o en malas condiciones, el sueño indica que el cambio será sumamente beneficioso, aunque en un principio no lo parezca.

MANTA

Soñar con una manta anuncia que estamos tratando de disimular un asunto que nos tiene muy preocupados, ya que requiere inmediata solución. Soñar que nos quitamos la manta que recubre nuestro cuerpo simboliza fantasías sexuales a las que el soñante gustaría dar rienda suelta. También revela la presencia del valor necesario para iniciar una nueva vida.

MANTECA

Soñar con manteca señala que venceremos a nuestros rivales.

MANTEL

El significado de un mantel se encuentra en su estado. Generalmente, un mantel se relaciona con la vida hogareña y con la familia. Por lo tanto, un mantel roto, sucio o en mal estado indica un problema o conflicto familiar. Del mismo modo, un mantel limpio, bien planchado y de bella apariencia señala un feliz ambiente en el hogar.

MANUSCRITO

Ver un manuscrito en un sueño vaticina el fracaso en algún plan o proyecto.

MANZANAS

Las manzanas son símbolos de fertilidad, amor e inmortalidad. Representan a la madre naturaleza y, mitológicamente, lo prohibido. La cualidad de las manzanas es un factor importante en el sueño. Si éstas son dulces, significa que recibiremos una recompensa por nuestro esfuerzo. Si son ácidas significa que nuestro propio descuido nos puede provocar una gran pérdida.

MAPA

Los mapas en los sueños son claras señales de viajes y aventuras. Cuanto más grandes sean los mapas en el sueño, más lejos y más largo será nuestro viaje. Igualmente, cuanto más colorido sea el mapa, más interesante será el viaje. Si en el sueño dibujamos un mapa con un lápiz, ello anticipa una aventura placentera y tranquila, pero si por el contrario, dibujamos el mapa con una lapicera, el viaje que planeamos resultará angustiante y complicado.

MAQUINARIA

Cualquier clase de maquinaria funcionando en perfecto orden es un símbolo de éxito en nuestras tareas diarias, pero si la maquinaria funciona irregularmente o con desperfectos, ello indica la proximidad de algunos problemas familiares o de trabajo.

MARCHA

Soñar con una marcha o desfile, ya sea militar o de cualquier otro género, augura festejos y celebraciones en nuestra vida.

MAREAS

Una marea alta en sueños es una promesa de grandes oportunidades, mientras que una marea baja sugiere lo contrario y demuestra nuestra resistencia a cambiar la rutina.

MARIHUANA

Si el soñante es alguien acostumbrado a su uso, el sueño carece de significado. En cambio, si soñamos con consumir esta droga, aunque nunca lo hayamos hecho, ésta es una clara advertencia acerca de no intentar meternos en asuntos que nos quedan grandes, en caminos para los cuales no estamos preparados.

MARIPOSA

Felicidad y éxito en el amor se aproximan si vemos esta bella criatura.

MÁRMOL

Frialdad, soledad; el frío de la tumba. Sin embargo, si en el sueño lo vemos adornando una entrada o una escalinata, es augurio de solidez y durabilidad en todo lo que emprendamos.

MARTE

Soñar con este planeta es un claro anuncio de discusiones, polémicas y conflictos, teniendo en cuenta que, en la mitología griega, Marte es el dios de la guerra.

MARTILLO

Lo masculino, la fuerza creadora y destructiva de la naturaleza. También, significa justicia y venganza.

MASAJE

Soñar que recibimos un masaje, ya sea corporal o facial, evoca deseos sexuales insatisfechos. Si en cambio, los que le damos un masaje a otro, somos nosotros, esto habla de la necesidad de reparar alguna injusticia con esa persona.

MÁSCARA

Engaño, disfraz, deseo de ocultar algo a los demás, si somos nosotros quienes la llevamos. Mirarse en el espejo con una máscara puesta simboliza el deseo de ocultarnos algo a nosotros mismos. Ver gente enmascarada indica que no queremos aceptar que ciertas personas conocidas son como son.

MASCOTA

Soñar con cualquier mascota, (perro, hamster, gato) propia o ajena, es siempre portador de alegría. Los animales domésticos nos alegran la vida, y a veces los evocamos en sueños como una manera de aliviar nuestros pesares.

MASTICAR

Si soñamos que estamos masticando, tenemos muchos defectos, pero nos esforzamos por ignorarlos. Si vemos a otros masticando, éste es un símbolo de tranquilidad y felicidad.

MÁSTIL

Soñar con los mástiles de un barco nos hará gozar

de viajes largos y placenteros por países exóticos. Sin embargo, si esos mástiles fueran de barcos hundidos, esto anuncia que tendremos que deshacer nuestros planes actuales, modificar proyectos y olvidarnos de placeres y fiestas.

MATRIMONIO

Para gente soltera, soñar con estar casado puede estar indicando miedo al compromiso y a asumir responsabilidades de adulto.

MEDALLA

Vernos en sueños luciendo medallas predice reconocimiento y premios por un trabajo bien hecho.

MEDICINA

Por lo general, los remedios y medicamentos tomados en sueños indican el presentimiento de que nuestra salud no es buena y que debemos encarar un chequeo médico.

MEDUSA

Este animal marino es símbolo de falsedad en alguna relación.

MEJILLONES

Comerlos es una señal de reconocimiento social; juntarlos, predice gran alegría.

MELAZA

Esta pegajosa sustancia es una advertencia en contra de chismes. Deberíamos tener la boca cerrada y mantener un bajo perfil, para evitar serios problemas.

MENDIGO

Nada bueno puede resultar de un sueño en el cual rehusemos ayudar a un mendigo. Probablemente, seremos decepcionados por alguien con quien contábamos. En cambio, si el mendigo es uno, o uno en el sueño ayuda a un mendigo, toda la suerte del mundo se derramará sobre nosotros.

MENSAJERO

Soñar que algún emisario nos entrega una carta, papel o mensaje, describe nuestra ansiedad por alguna noticia que esperamos.

MENTA

Oler o saborear menta en un sueño traerá felicidad y salud.

MENTIRAS

Soñar con decir mentiras señala nuestro fracaso debido a nuestra propia torpeza o ineficiencia. Pero, si en cambio, eran otros los que mentían, ello indica que recibiremos ayuda de un lugar inesperado.

MENTÓN

En general, es un sueño que augura buena suerte en los negocios. Sin embargo, si en el sueño recibimos un golpe en el mentón, ello predice noticias alarmantes.

MERCADO

La interpretación de este sueño depende de sus detalles. Si el mercado estaba prolijo y bien surtido, esto presagia abundancia y prosperidad, pero si los alimentos y mercaderías estaban en mal estado o no eran de calidad, o si el mercado se encontraba vacío, el vaticinio es de malos tiempos y oportunidades desperdiciadas.

MERCURIO

Soñar con esta substancia tan voluble es una advertencia más que explícita acerca de nuestra propia volubilidad y las desventajas de saltar de un romance a otro.

MESA

Sustento, reunión. Una mesa puede tener distintos significados según su aspecto, tipo y su lugar en el sueño. Una mesa de cocina anuncia una temporada de duro trabajo para nuestra familia. Una mesa de juego (cartas, dados, etc.) está indicando la posibilidad de aumentar nuestras ganancias en gran forma. Si en el sueño vemos la mesa de un comedor o un restaurante, ello indica que nuestra vida social está en pleno aumento y que conoceremos nuevos e influyentes amigos. Si, en cambio, se trataba de una mesa de biblioteca, esto está anunciando que nuestro cultivo del intelecto nos ha enriquecido como personas.

METAL

Ver objetos de metal en sueños, entraña diversos significados. Si son de color dorado podemos esperar incremento en nuestro patrimonio. Si en cambio, el metal visto en sueños es plateado, no estamos ante un buen augurio. El acero significó tradicionalmente armas, guerra, cuchillos, violencia.

MILAGRO

Presenciar un milagro o bien oír hablar de uno, anticipa un futuro estable.

MILLONARIO

En este sueño los detalles son muy importantes. Si soñamos que somos millonarios, seguramente nos devolverán un gran favor que hace mucho hicimos a alguien. Si en el sueño usamos nuestro dinero para ayudar a nuestra familia o amigos, podemos contar con un seguro golpe de buena suerte. Soñar con conocer a un millonario representa una advertencia: debemos escuchar a los que saben y oír varias opiniones antes de emprender nuevos compromisos.

MINISTRO

Un ministro político u otro diplomático en un sueño, es un símbolo de estatus y aumento de poder.

MISA

Soñar que presenciamos una misa habla de nuestra necesidad de purificación.

MISIONERO

Soñar con ser un misionero denota el fracaso de un largo plan. Deberemos reorganizarnos y buscar otros rumbos.

MITO

Un sueño que envuelva cualquiera de los antiguos mitos o personajes mitológicos, nos sugiere que con la adulación podemos llegar muy lejos.

MOCO

Aunque no lo parezca, esta desagradable secreción corporal indica buena salud, especialmente si en el sueño brota profusamente de nuestra propia nariz.

MODALES

Soñar con los malos modales de alguna persona, incluido uno mismo, indica un leve complejo de inferioridad que constituye la única causa de nuestro leve o nulo progreso. Por el contrario, observar los apropiados modales de un individuo, nos sugiere que abandonemos la lucha por escalar socialmente, ya que finalmente resultará en vano y no nos dará los frutos que esperamos.

MOHO

Presentimiento de algo desagradable. Ver moho en objetos o alimentos simboliza la descomposición de algo que amamos. Puede ser una relación o la salud de un ser querido.

MOLDE

Un molde para arcilla, plástico o de metal predice un mejoramiento de nuestra condición financiera.

MOLER

Moler granos, café, cacao o cualquier otro alimento presagia un incremento material gracias a nuestra prudencia. En cambio, moler piedras o cualquier otro elemento duro, predice recompensa limitada por trabajo muy duro.

MOLESTIA

Una molestia como, por ejemplo, un mosquito revoloteando alrededor de nuestra oreja, un timbre que suena justo cuando nos vamos a acostar o una radio sonando a un altísimo volumen, indica la presencia de varios obstáculos que están por aparecer.

MOLINO

Un molino mediano y pintoresco augura una feliz y placentera vida hogareña; sin embargo, uno grande y de tipo comercial, indica la opulencia a través del esfuerzo y las ideas de otros.

MONEDAS

Simbolizan el menor valor, lo poco importante, lo barato. Soñar con ellas nos enfrenta a la siguiente pregunta: ¿acaso no estaremos distrayendo nuestra mente en preocupaciones menores, en lugar de concentrarnos en lo que es verdaderamente importante?

MONO

El mono en un sueño encarna lo imprevisto e impredecible, algo contra lo que habrá que estar en guardia.

MONTAÑA

Esta presencia representa un obstáculo. Para una correcta interpretación debemos tener en cuenta el resultado de la acción en el sueño, pero por lo general, el significado es el mismo que el de **ESCALAR.**

MORDER

Es posible que descubramos un secreto que hubiéramos preferido no conocer, si soñamos con haber sido mordidos por un animal o picados por un insecto. Hay una sugestión en este sueño de no meternos en los asuntos de otros.

MORETÓN

Existe una clara advertencia contra los excesos en nuestra vida, ya sean éstos de ingesta de sustancias o de promiscuidad en nuestras relaciones, si soñamos con moretones nuestros o ajenos. Si éstos se encontraban en las piernas, nuestra reputación puede estar en peligro, ¡cuidado!

MORFINA

Si soñamos que tomamos esta droga, significa que tenemos que tomar una decisión cuanto antes con respecto a un asunto muy importante. Un nuevo retraso podría traer graves inconvenientes.

MORGUE

Un sueño relacionado con el temor a la muerte. Vernos a nosotros mismos en una morgue, es algo bastante común y probablemente sea un anticipo de lo que algunas personas sienten cuando el espíritu abandona el cuerpo.

MOSCA

Suciedad, sensación de estar pudriéndose. La mosca está también asociada con el pecado, la corrupción y la inmoralidad. Alguna de nuestras acciones puede estar fuera de lugar. Debemos tratar de analizar nuestros errores.

MOSQUITO

¿Existe algo más molesto que un mosquito? Cuando lo vemos en sueños, justo en el momento del reposo, esto indica que algo está perturbando nuestra paz y queremos librarnos de ello cuanto antes.

MOSTAZA

Soñar que ponemos mostaza a la comida significa que nos arrepentiremos de algunas decisiones. Ver un frasco o recipiente con mostaza es un aviso de que debemos ser prudentes y no precipitarnos en la toma de decisiones. Por otra parte, ver una comida aderezada con mostaza significa que debemos estar prevenidos, ya que algunos amigos resultarán siendo grandes traidores.

MOTOCICLETA

El significado de una motocicleta en un sueño se encuentra en el funcionamiento del motor (ver **MOTOR**). Pero si en la motocicleta viaja un acompañante, ello indica una relación con el otro sexo.

MOTOR

Cualquier motor funcionando perfectamente sugiere un constante progreso, mientras que un motor imposible de arrancar o con problemas indica la necesidad de replantear nuestros objetivos y buscar nuevos rumbos.

MUECA

Ver a alguien haciendo muecas es augurio de una inesperada y placentera invitación social. Pero si los que gesticulábamos en el sueño éramos nosotros, ya podemos dejar de preocuparnos por alguna mala maniobra que nos hace sentir culpables. Saldremos airosos de ella.

MUÉRDAGO

Para aquellos envueltos en los negocios, este símbolo navideño indica la necesidad de proceder con paciencia en cualquier ocasión, al menos por un tiempo.

MUERTE

Soñar con estar muerto indica un próximo alivio a todas nuestras preocupaciones. Si en el sueño hablamos con un muerto, significa que pronto escucharemos buenas noticias. Si la muerte es recurrente en nuestros sueños, entonces posiblemente predice un futuro nacimiento.

MULTITUD

Una multitud agresiva y enojada es una advertencia de que una actividad en la que hemos sido obligados a participar, puede resultar peligrosa. Debemos tener cuidado.

MURCIÉLAGO

Popularmente, los murciélagos traen un augurio de muerte o enfermedad. Sin embargo, si en el sueño no teníamos miedo, es probable que recibamos una propuesta interesante.

MÚSCULO

Este no es un muy buen augurio. Soñar que nos duelen los músculos anuncia trastornos emocionales o disgustos. Por otra parte, soñar que mostramos los músculos señala frustración con respecto a nuestras ambiciones sociales.

MUSEO

Ver o visitar cualquier museo predice un inesperado golpe de buena suerte y el beneficio a través de un excelente contacto.

MÚSICA

Escuchar una hermosa melodía en sueños es siempre un buen augurio. Armonía, paz y satisfacciones diversas nos esperan. Si en cambio los sonidos son cacofónicos y discordantes, tal vez haya en nuestra vida situaciones desordenadas a las cuales deberíamos prestarles más atención.

MUSGO

Si el musgo es bien verde y fresco el augurio es de felicidad en el amor y los romances. Si es seco o descolorido, predice una desilusión.

NACIMIENTO

Con seguridad recibiremos buenas noticias inmediatamente después de soñar con nuestro nacimiento o con dar a luz a una criatura. Si el nacimiento involucra animales, esto significa la derrota de cualquiera que se nos enfrente. Nacimientos múltiples indican un aumento patrimonial. Por supuesto, si el soñante es una embarazada, el sueño carece de significado.

NADAR

Soñar que nadamos es un anuncio de amores, felicidad y placer. Significa también que tenemos toda la fuerza y determinación para lograr lo que nos proponemos. Si en el sueño nadamos claramente sobre nuestras espaldas, ello predice futuras peleas. Si nadamos en alta mar, indica prosperidad, pero si lo hacemos cerca de la costa, significa que tendremos que trabajar muy duro para cumplir nuestros objetivos. Por otra parte, nadar en una piscina es una clara señal de éxito; en cambio hacerlo en un río es una advertencia acerca de futuros problemas.

NALGAS

Soñar que pateamos a alguien en las nalgas significa que seremos promovidos a un puesto laboral más importante, pero que a su vez perderemos el respeto de aquellos bajo nuestra autoridad. Ser pateados en las nalgas predice, sin embargo, un conflicto o desastre.

NARANJAS

Una naranja en un sueño es un símbolo de dolor y agresiones, pero si se trata de muchas naranjas, el augurio es de salud y prosperidad. Comer naranjas es un anuncio de penas y tal vez enfermedad, pero si éstas poseían un sabor muy agradable (más de lo normal) y de aspecto parecían perfectas, ello indica que nuestra suerte irá mejorando poco a poco.

NARCISO

Si los vemos creciendo en un jardín, estas bellas flores son un feliz augurio, excepto que los veamos en el interior de una casa, en cuyo caso nos advierten sobre un exceso de confianza, el cual nos puede perjudicar.

NARIZ

Ver nuestra propia nariz en un sueño significa que tenemos muchos más amigos de los que nosotros creemos. Sonarse la nariz sugiere el alivio de nuestras obligaciones, y si alguien nos pellizca la nariz, o bien nosotros pellizcamos la de alguna persona, ello señala popularidad con el sexo opuesto. Soñar con una nariz inflamada es una clara señal de prosperidad y abundancia; en cambio soñar con una nariz sangrante es una mala señal de escasez y dificultades financieras, En tal caso deberíamos cuidar muy bien nuestro dinero y todas nuestras pertenencias, al menos por unos meses. Una nariz fría nos advierte sobre nuestras indiscriminadas relaciones sexuales: ¡cuidado! Por otra parte, una nariz tapada señala una gran oposición que desconocemos, pero que pronto sentiremos.

NÁUSEA

Sentir náuseas en un sueño predice un enfrentamiento con nuestros colegas y amigos y una falta de confianza hacia nosotros.

NAVAJA

Agudeza, filo, necesidad de cortar con algo. Las navajas, por lo general, son peligrosas porque cortan sin que uno se dé cuenta. Posiblemente, ver una de ellas en sueños nos advierte que debemos tener más cuidado en nuestras relaciones con otros y si es posible, dominar nuestra lengua, cuyo filo puede hacer mucho daño.

NAVEGACIÓN

Soñar que estudiamos navegación predice un largo viaje, pero soñar con ser un navegante indica grandes problemas que serán extremadamente difíciles de resolver.

NAVIDAD

Cualquier sueño con esta época del año sugiere la

llegada de buenos momentos con la familia y los amigos.

NEGOCIOS

Generalmente es de mala suerte soñar con nuestro propio negocio. Se trata con seguridad un presagio de algún evento vergonzante.

NEGRO

Desastres, problemas, turbulencias se abatirán sobre nosotros si soñamos con cualquier objeto negro a menos, claro, que lo hayamos visto en un funeral, en cuyo caso esto vaticina éxito, especialmente en asuntos amorosos.

NERVIOSO

Debemos cuidar más nuestros recursos y nuestro dinero si soñamos que nos sentimos nerviosos, o bien vemos a otros con ese síntoma.

NIDO (DE AVES)

Símbolo del hogar. Lleno, es presagio de felicidad. Vacío, por el contrario, augura sufrimiento y soledad. Un nido con huevos en él, augura felicidad y abundancia.

NIEVE

Representa sentimientos, talentos y habilidades que se encuentran congelados, inaccesibles. La nieve en un sueño puede simbolizar nuestra frialdad ante la gente y el mundo, la ausencia de emociones. Del mismo modo, la nieve derritiéndose anuncia un cambio sentimental positivo, un corazón que se torna bueno y caluroso.

NILÓN/NYLON

Esta fibra sintética en un sueño nos recuerda que todo no es como parece y que deberíamos preocuparnos más por otras cualidades y no simplemente por las apariencias.

NINFAS

Soñar con una ninfa predice una interesante relación amorosa.

NIÑO

Los niños jugando o practicando algún deporte resultan una imagen muy positiva. Inclusive llos niños peleando son un buen presagio. Un niño jugando con una niña representa la felicidad en el matrimonio o las relaciones de pareja. Un niño que juega con varias niñas predice una aventura muy exitosa y agradable.

NOCHE

Para analizar este sueño, debemos tener en cuenta las circunstancias. Cuanto más clara y abierta sea la noche, con estrellas y una luna muy brillante, mejor es el augurio.

NOMBRAMIENTO

Si recibimos un nombramiento para desenvolvernos en cualquier tipo de trabajo o tarea oficial, seguramente pasaremos por un período en el cual padeceremos el sufrimiento de algún allegado.

NOMBRE

El significado depende de las circunstancias. Si soñamos que no podemos recordar nuestro nombre o el de alguien a quien conocemos muy bien, esto nos advierte acerca de no involucrarnos en un asunto dudoso, ya que éste nos causaría graves problemas y luego tendríamos que dar explicaciones para salvar nuestro pellejo. Si soñamos que nos llaman por un nombre equivocado, ello predice disgustos y dificultades.

NORTE

Seguramente encontraremos nuestra dirección en la vida si nuestro sueño se caracterizaba por el predominio de la dirección Norte. Ver también **BRUJULA**.

NOTICIAS

Esta es una imagen onírica con significado contrario, ya que cuanto mejores son las noticias en el sueño, peores serán las noticias que recibiremos en la vigilia y viceversa.

NOVELA

Soñar que escribimos una novela predice problemas y conflictos, mientras que soñar con leer una, augura una intensa actividad social.

NOVIA

Es de buena suerte ver o ser la novia en un sueño. Pero los detalles deben ser considerados para una interpretación correcta. Si una mujer se sueña a sí misma vestida con un traje de novia y que es feliz, eso pronostica que recibirá una herencia que resolverá todos sus problemas económicos. Si sueña que, siendo ella la novia, besa a otras novias, tendrá muchos amigos y gozará de placeres. En general, soñar que se besa a una novia indica que recuperaremos la amistad de alguien de quien estábamos distanciados. En cambio, si es un hombre quien sueña que su novia muere, o ve en el sueño su cadáver, esto prenuncia un largo período de indecisiones y mala racha en sus actividades.

NOVIEMBRE

Soñar con este mes durante cualquier otro período del año anuncia buenos momentos por venir y una gran felicidad en el futuro.

NUBES

Soñar con nubes tiene un doble significado. En general, soñar con un cielo nublado, es un mal presagio; anuncia oscuridad y confusión. Sin embargo, una vez que las nubes se disipan, simboliza la luz.

NUDILLO

Ya sea nuestro o de otra persona, un nudillo presente en un sueño señala una pérdida de energía en actividades innecesarias. Debemos replantear nuestros objetivos.

NUDO

Éste es un sueño que representa un obstáculo y predice enfrentamientos con gente cercana a uno. Si en el sueño somos capaces de desatar el nudo, ello augura éxito a la hora de alcanzar lo que deseamos; pero si cortamos el nudo, una pelea o ruptura se aproxima.

NUEZ

Las nueces son consideradas un buen augurio, siempre y cuando no estén podridas o agusanadas, en cuyo caso advierten problemas provocados por un engaño o traición. Romper nueces en un sueño predice el éxito en nuestras actividades, mientras que comer nueces indica buena salud y gran felicidad.

NUEZ MOSCADA

Molerla o rallarla en un sueño señala gran diversión y entretenimiento, pero saborearla u olerla nos sugiere prestar atención a nuestra relación con los demás ya que muchos nos pueden estar usando sin que realmente nos demos cuenta.

NÚMEROS

Si un número aparece repetidamente en sueños, antes de interpretarlo deberíamos preguntarnos qué significado personal tiene para nosotros. Puede referirse a una fecha importante de nuestra vida, a un cumpleaños o una dirección. No obstante, la numerología tiene una interpretación general para los números del uno al diez. UNO: Comienzo, unicidad, esencia, individualidad. DOS: Dualidad, oposición, balance, pareja. TRES: Trinidad, balance entre opuestos, sociabilidad. CUATRO: Estabilidad, esfuerzo material, potencial de cambio. CINCO: Quintaesencia, cambio, celebración. SEIS: Expansión, organización, armonía, domesticidad, compromiso. SIETE: Energía, ciclos de crecimiento, disciplina, aprendizaje. OCHO: Eternidad, abundancia, poder, cosmovisión. NUEVE: Bendiciones ocultas, compasión, revelación. DIEZ: Nuevo comienzo en un grado superior.

OASIS

Ver un oasis en un sueño anticipa nuestro éxito en algún emprendimiento futuro.

OBESIDAD

Si un hombre sueña que es obeso, ello indica que pronto se librará de todos sus compromisos. Pero si éste es el sueño de una mujer, ello sugiere la posibilidad de que su pareja la abandone.

OBISPO

Soñar con un obispo nos advierte que tendremos dificultad con funcionarios de la justicia y que debemos desconfiar de una persona de nuestra amistad. Si soñamos con sacerdotes que conversan con obispos, esto indica la amenaza de una larga y penosa enfermedad.

OBRERO

Ya sea que se trate de uno o más obreros, este sueño representa un buen augurio. En general, los obreros y cualquier clase de trabajador simbolizan la productividad y el esfuerzo bien aplicado. Si en el sueño uno mismo aparece como un obrero, trabajando duramente, ello demuestra nuestra gran dedicación y disciplina en todo lo que hacemos.

OBSERVATORIO

Un observatorio en un sueño nos advierte acerca de no iniciar relaciones compulsivamente, ya que con seguridad nos arrepentiremos de ello en un futuro no muy lejano.

OCÉANO

La interpretación de este sueño depende mucho de su acción, detalles y características. En general, el océano es un buen símbolo, especialmente si está calmo. Si se encuentra inestable, indica un período de altibajos y si está bravo y tormentoso, un problema que podremos superar, únicamente, con gran valor y coraje. Una travesía a través del océano vaticina el posible alivio de una terrible preocupación; mientras que nadar en el océano, especialmente si lo hacemos en alta mar, significa que pronto aumentaremos nuestro nivel de vida y nos veremos envueltos en una gran variedad de nuevas actividades.

OCTUBRE

Un atractivo cambio se nos aproxima si soñamos con el mes de octubre en cualquier otro mes del año. En tal caso, debemos analizar muy bien la situación y no dejarnos seducir fácilmente por la tentación a cambiar, ya que ello podría resultar contraproducente.

OCULISTA

Esta es una clara señal de nuestro subconsciente, el cual nos advierte acerca de la posibilidad de estar dejando pasar por alto un asunto de gran importancia. Debemos entrar en acción de inmediato y tratar de estar siempre al tanto de lo que sucede a nuestro alrededor, especialmente en el ámbito laboral.

OCULTISMO

Un sueño que tenga alguna relación con las ciencias ocultas indica que pronto obtendremos información muy beneficiosa, de la cual sacaremos gran provecho.

ODALISCA

Representa deseos y fantasías sexuales, placer, sensualidad, pasión. La odalisca es prácticamente un símbolo sexual. Excita, erotiza y provoca las pasiones del hombre, por lo tanto, un sueño con una odalisca manifiesta una posible represión sexual o bien una gran insatisfacción. El sueño denota la necesidad de buscar y vivir nuevas experiencias, y ésa es justamente la solución para la insatisfacción del soñante.

OFENDER

Este sueño tiene un significado muy particular. Si alguien nos ofende, ello quiere decir que convertiremos a un viejo enemigo en un muy buen amigo; pero si en el sueño nosotros ofendemos a alguien, esto nos advierte que corremos peligro de transformar a un amigo o pariente en un terrible enemigo. Para evitar que esto suceda, debemos tener cuidado al hablar y dirigirnos con respeto hacia la gente.

OFERTA

Un gran beneficio se nos aproxima si soñamos con recibir o hacer una oferta. Cuanto más tentadora sea la oferta, mayor será el beneficio.

OFICINA

Aunque parezca extraño, soñar con una oficina no tiene relación con el trabajo, sino con el amor. Si soñamos que nos encontramos en nuestra propia oficina, ello predice un pequeño cambio en nuestra vida amorosa. Una oficina nueva y moderna es una clara señal de una nueva amistad que está por nacer. Por otra parte, si en el sueño parecemos estar preocupados por asuntos de oficina, esto indica un posible conflicto en el hogar.

OFIDIO

Una serpiente venenosa es un símbolo muy claro, ya que representa una presencia peligrosa para uno. Dicha presencia denota seguramente falsas amistades que ocupan un lugar en nuestra vida y que simplemente esperan que nos descuidemos para traicionarnos. Si matamos al ofidio, ello predice que podremos descubrir esas falsas amistades, logrando sacarlas de nuestras vidas. Ver también viborA.

OJOS

Buenos, aunque inesperados cambios se nos aproximan si soñamos con ojos extraños o fuera de lo normal en cualquier aspecto. Soñar que estamos preocupados por el estado de nuestros ojos, o bien porque los mismos nos duelen o porque algo se introdujo en ellos, significa que alguien tratará de engañarnos en algún asunto de negocios. Soñar con ojos bellos es una clara indicación del amor que nuestros amigos y familiares sienten por nosotros. Si en el sueño los ojos eran azules, ello predice la llegada de una nueva amistad, mientras que si se trataba de ojos oscuros, el presagio es de un nuevo romance.

OLAS

Soñar con grandes y transparentes olas indica que estamos tomando las decisiones correctas en algún asunto que nos preocupa. En cambio, ver olas grandes en una tormenta nos advierte sobre la posibilidad de cometer un grave error.

OLIVO

Un sueño en el que nos detenemos ante un olivo repleto de aceitunas anuncia que gozaremos de paz, libertad y dignidad. Además, es muy posible que veamos cumplirse nuestros más grandes deseos, luego de soñar con un olivo.

OLOR

Los olores agradables en un sueño representan un buen augurio; malos o desagradables olores, una gran ansiedad.

OLLA

La olla es un símbolo positivo. Predice la abundancia, la prosperidad y el bienestar financiero, especialmente a través de importantes negocios y transacciones. En el amor, indica la felicidad plena y duradera.

OMBLIGO

Si soñamos con nuestro propio ombligo, ello indica que estamos por iniciar una empresa que brindará excelentes frutos. Soñar con el ombligo de otra persona predice un nuevo y cercano romance.

ÓPERA

Soñar que disfrutamos de una ópera, ya sea en vivo o en una grabación, indica nuestro deseo inconsciente de engañar a un amigo o conocido.

OPERACIÓN

Las operaciones se practican sólo cuando nuestra salud y nuestra vida están amenazadas y son, por lo tanto, una medida radical. Soñar con una operación está indicando la necesidad de deshacernos de algo negativo. Podemos comparar este procedimiento con un desmembramiento ritual, en el cual el iniciado es desmembrado y reconstruido para simbolizar la destrucción del antiguo yo y el renacimiento de un nuevo yo. Sin embargo, este sueño carece de significado y no tiene importancia si el soñante practica normalmente la medicina o tiene contacto directo con ella.

OPIO

Proporcionar opio a alguien en un sueño, o bien que nos lo proporcionen a nosotros, es una clara advertencia acerca de la presencia o relación con individuos de baja moral y hábitos desagradables.

ORACIÓN

Brindar una oración religiosa en un sueño nos advierte sobre la posibilidad de estar haciendo el ridículo por no llevar a cabo y ocuparnos correctamente de nuestras obligaciones. En cambio, escuchar una oración nos indica que debemos poner fin a una relación que nos debilita.

ÓRDENES

Obedecer órdenes en un sueño anticipa felices momentos por venir, mientras que dar órdenes presagia un problema doméstico de poca importancia.

ORDEÑAR

Ordeñar una vaca en un sueño anuncia la pérdida de buenas oportunidades que nos ayudarían a cumplir nuestros sueños. Sin embargo, el éxito igualmente llegará, aunque en el momento menos esperado.

ORÉGANO

Una nueva amistad traerá consigo varios problemas. En tal caso, debemos actuar con mucha paciencia y no apresurarnos en buscar la solución; ésta llegará sola.

OREJAS

Seguramente recibiremos buenas noticias si soñamos con rascarnos una oreja. Si, en el sueño, nuestras orejas se encuentran tapadas, ello anuncia un problema doméstico; soñar con orejas muy largas indica que tendremos oportunidad de ayudar a un amigo a triunfar.

ÓRGANO

El simbolismo de los órganos musicales se relaciona con la vida sexual. Por lo general, oír la placentera música de un órgano en un sueño indica un gran placer y satisfacción en las relaciones íntimas con el otro sexo. Pero si soñamos con el órgano de una iglesia, ello indica que una difícil situación en la familia nos llevará a pedir la ayuda de varios amigos quienes deberán brindar mucho de sí.

ORGÍA

Este sueño señala claramente la necesidad de actuar con moderación. Ya sea que debamos moderar nuestros excesos, o bien disminuir nuestras propias represiones, el sueño nos sugiere revisar ciertas conductas a fin de evitar serios problemas. La moderación es la clave principal del bienestar.

ORIENTE

Soñar con algún país de Oriente indica que seremos dichosos, aunque por poco tiempo. Un sueño con orientales tiene relación con el amor. Si solamente observamos personas de origen oriental, ello anuncia un breve romance. En cambio, si soñamos que un grupo de orientales nos rodea y comparte momentos con nosotros, ello anuncia que pronto recibiremos una oferta matrimonial.

ORO

Símbolo del sol, de la luz divina, de la iluminación, de lo celestial. Principio masculino del Cosmos. Encontrar oro en un sueño constituye un buen augurio, especialmente si lo encontramos bajo la forma de un tesoro. Si excavamos para encontrar oro, es señal de que en la vigilia no hallamos la felicidad deseada. Perder oro es un anuncio de que seremos engañados o estafados.

ORQUESTA

Ver **MUSICA**.

ORQUÍDEA

La presencia de estas exóticas flores en un sueño nos advierte de que seamos menos extravagantes o bien que pongamos un límite o directamente terminemos con nuestros extraños hábitos.

ORTIGA

Ver ortigas anuncia éxito gracias a nuestro gran coraje y esfuerzo, pero si en el sueño las ortigas nos pican, quiere decir que debemos cuidarnos de algún traidor o de nuestro propio amante.

ORUGA

Si vemos una oruga significa que individuos engañosos nos pueden traicionar en cualquier momento. También nuestros negocios o bien nuestra pareja podrían estar en peligro. Una oruga en nuestro sueño puede, además, indicar que nos veremos en una posición humillante en la cual no vamos a obtener ninguna clase de beneficios.

OSCURIDAD

Debemos estar preparados para algún imprevisto, si en el sueño nos encontramos en la oscuridad. Sin embargo, si logramos salir hacia la luz, pronto lograremos el éxito.

OSO

Un oso enjaulado indica un futuro éxito, mientras que un oso libre y ágil sugiere buena suerte en contra de la especulación. Pelear contra un oso o matarlo, predice nuestra victoria en contra de varios opositores.

OSTRA

¡Atención si soñamos con abrir ostras! Podemos estar siendo engañados por alguien a quien erróneamente suponemos confiable. Debemos reconsiderar nuestros asuntos con ciertos amigos y tratar de descubrir la posible traición. Soñar con comer ostras es, por su parte, un buen augurio, especialmente para el amor. En caso de estar envueltos en los negocios, soñar con comer ostras indica que debemos ser más agresivos en nuestro trabajo y que debemos imponernos con firmeza para poder triunfar.

OTOÑO

Soñar con el otoño adquiere significado solamente durante las otras épocas del año. Por lo general, indica la presencia de buenas amistades en donde menos las esperamos.

P

PADRES

En un sueño, los padres tienen significados bien determinados. El padre representa la autoridad; la madre, el amor, el cariño. Si se trata de un padre ya fallecido, y él -o ella- nos hablaba, ello anuncia la llegada de noticias importantes. Si, en cambio, soñamos con nuestros padres vivos, ello es un buen augurio. Si vemos a nuestro padre, él representa el progreso, éxito y reconocimiento en el ámbito profesional. Si aparece nuestra madre, ella señala nuestra felicidad en asuntos personales, pero sobre todo, en el amor. Por otra parte, soñar con padres ajenos indica que podemos contar con la ayuda de nuestros amigos en todo momento que la necesitemos.

PADRINO (DE BODA)

Un hombre soltero se casará antes de un año si sueña con ser padrino de bodas. Si el soñante es un hombre casado, el sueño carece de significado.

PÁGINA

Es posible que hagamos una buena inversión si soñamos con pasar las páginas de un libro o una revista lo cual es, casi siempre, un excelente símbolo de progreso, avance y mejoramiento.

PÁJAROS

Ver **AVES**.

PALACIO

Estamos por experimentar un gran cambio de estatus si soñamos con ver un palacio desde el exterior; pero, si en el sueño estábamos dentro del palacio, ello indica que nuestra vanidad es tan grande que estamos creando hostilidad en nuestro círculo de relaciones. Debemos escuchar más a los demás y tratar de mantener un bajo perfil, al menos durante un tiempo.

PALANGANA

Un sueño contradictorio. Si la palangana estaba

llena, podemos esperar algunos problemas familiares o decepciones en el amor. Por el contrario, si la palangana estaba vacía, nuestro éxito está asegurado.

PALIDEZ

Despertar de un sueño en el que aparecíamos completamente pálidos es señal de triunfo o ganancia. Debemos prestar mucha atención en el trabajo, ya que nos hallamos ante una variedad de grandes oportunidades. Sin embargo, ver otras personas pálidas en un sueño es augurio de enfermedad o malestar, y si se trataba de alguien desconocido, ello señala un posible peligro o amenaza en nuestro trabajo.

PALMAS

Sufriremos una gran desilusión al ver cómo un supuesto amigo nos traiciona, si en un sueño observamos este tipo de árboles. Pero podemos estar tranquilos: la suerte llega después.

PALOMAS

Soñar con palomas que arrullan es el símbolo de paz doméstica y felicidad para los niños. Si la soñante es una mujer joven, es anuncio de unión dichosa y temprana. Ver pichones que son utilizados para el tiro al blanco, advierte sobre placeres banales.

PAN

Verse en sueños comiendo pan anuncia que se recibirá ayuda de amistades. Si fuera éste el sueño de una mujer, ella se encontrará abocada al cuidado de niños obstinados y caprichosos. Soñar que cortamos el pan en presencia de otros, anuncia que nuestra capacidad nos permitirá salir airosos de cualquier competencia. Ver un pan en mal estado es presagio de que la necesidad y la miseria abatirán al soñante. Si el pan estuviera en buen estado, vaticina buenos sucesos.

PANADERÍA

Hileras de panes en una panadería o panaderos vestidos de blanco presagian la llegada de un nuevo miembro a la familia de jóvenes parejas casadas.

PANDA

Este tierno oso, en nuestro sueño, nos sugiere dejar de preocuparnos por tonterías y dedicarnos más a nuestra familia y a lograr la armonía en el hogar. También, es posible que esté indicando la necesidad de tomarnos un descanso, el cual seguramente nos merecemos.

PANDERETA

Escuchar, y especialmente tocar una pandereta en un sueño, es una muy buena señal. Dado que se trata de un instrumento alegre, utilizado en festejos y en la música bien alegre, la pandereta predice buenos momentos por venir, buena suerte y diversión ininterrumpida.

PANDILLA

Si soñamos que somos miembros de una pandilla, esto sugiere que tenemos una tendencia a "seguir al rebaño". Si soñamos que somos los líderes de una pandilla, el sueño indica un estancamiento debido a nuestra falta de iniciativa. Soñar que somos amenazados por una pandilla predice un período de depresión que podremos superar con determinación y energía. Si somos atacados por la pandilla, el sueño es simplemente una advertencia acerca de un posible revés financiero, en cuyo caso, lo más adecuado es reducir nuestros gastos.

PANTANO

El significado es claro: estar atrapado en una situación de difícil salida (empantanado).

PAÑAL

Para un hombre este sueño predice un cambio de trabajo o posición hacia otra de mayor responsabilidad. Para una mujer, augura la separación de su marido o novio.

PAPEL

El papel tiene varios significados y muchas de sus interpretaciones se encuentran en la calidad. Cualquier papel nuevo, limpio y blanco prenuncia un gran esfuerzo de nuestra parte, mientras que el papel viejo, o bien el papel higiénico, predicen una gran oportunidad que de ninguna manera deberíamos desperdiciar.

PAQUETE

Cualquier clase de paquete, presente en un sueño, anticipa un período de estancamiento y de tediosa rutina, especialmente en el trabajo.

PARACAÍDAS

Una vida amorosa saludable y placentera nos espera si soñamos con usar un paracaídas en buen estado y sin complicaciones. Sin embargo, tener una emergencia cuando saltamos con un paracaídas sugiere la traición por parte de un individuo en quien confiábamos. Pero atención: dicho individuo podría ser nuestra propia pareja. ¡Cuidado!

PARÁLISIS

Posiblemente se avecina un período de inhibición sexual o un conflicto emocional, sin importar quien es el que sufre la parálisis en el sueño. Si dicha parálisis era total, ello indica nuestra desesperación por evitar involucrarnos en asuntos indebidos. Si la parálisis es parcial, esto sugiere un posible temor a la impotencia, frigidez u homosexualidad. Podría resultar útil consultar con un profesional idóneo, un médico o un psicoanalista, porque este sueño puede nacer de un desorden físico o psíquico.

PARCHE

Soñar que ponemos un parche a nuestra ropa es un buen augurio e indica, seguramente, la llegada de una gran herencia. Pero, si se trata de un parche que alguien usa en el ojo, ello predice una experiencia sexual que irá más allá de lo que podemos imaginarnos.

PAREDES

Las paredes representan un obstáculo, y por lo tanto debemos tener en cuenta la acción en el sueño, la manera en que aparecían las paredes (la forma en que enfrentamos los obstáculos). Si en el sueño saltábamos una pared, ello indica claramente que gracias a nuestra determinación y voluntad, podremos sortear las dificultades y finalmente alcanzar nuestros objetivos. Si soñamos con caminar por encima de una pared, entonces ya hemos llegado a la meta, ya hemos alcanzado el éxito, ya hemos realizado nuestros sueños. Nuestro futuro será claro y luminoso, no debemos preocuparnos para nada, sólo disfrutar de una apacible vida.

PARIENTES

Soñar con parientes tiene distintos significados, según las circunstancias y de cuál sea el grado de parentesco, aunque en general es augurio de que siempre encontraremos ayuda donde la necesitemos.

PARÍS

Esta bella ciudad es augurio de felicidad y alegría. Un recreo se nos aproxima, pero cuidado, esto puede representar un desequilibrio monetario. La solución: moderación, calma, control.

PARLOTEO

La charla permanente que escuchamos en nuestros sueños es una señal inconsciente de que deberíamos ser más reservados o mucho menos perversos en nuestras relaciones con el sexo opuesto.

PÁRPADOS

Los párpados en un sueño son símbolo de problemas. Si nos duelen, se trata de un anuncio de malestares físicos.

PARQUE

Pasear por un parque tiene relación con el amor.

Si disfrutábamos del paseo, seguramente viviremos un feliz romance. Si, en cambio, no disfrutábamos del nuestro paseo por el parque, ya sea porque éste estaba desordenado, vacío o abandonado, el sueño anuncia un período de soledad o readaptación.

PASAJERO

El significado depende del vehículo del cual somos pasajeros. Si se trata de un autobús o cualquier otro vehículo con ruedas, ello pranuncia un seguro triunfo. En cambio, si el vehículo del sueño es un barco, bote, globo o avión, ello representa una negación o escape a las obligaciones.

PASAPORTE

Un largo y provechoso viaje se aproxima si soñamos con solicitar un pasaporte. Soñar con perder el pasaporte encierra un significado negativo y puede indicar la presencia de malas influencias. Debemos tratar de buscar un nuevo ámbito o espacio para el desarrollo de nuestras actividades.

PASILLO

Soñar con el pasillo de un teatro, iglesia, club, o cualquier otro lugar público indica que pronto tendremos que tomar una decisión de gran importancia.

PASTEL

Por lo general, se trata de un presagio satisfactorio. Indica el progreso en los negocios y el éxito en las relaciones sociales. Un pastel muy dulce predice un ascenso para un trabajador y, usualmente, una herencia por venir. Una torta helada predice momentos muy felices. Comer pastel en un sueño es el mejor augurio, aunque soñar con hornearlo o venderlo resulta igualmente positivo.

PAVIMENTO

El significado se encuentra en el tipo y calidad del pavimento. Si está en buen estado, podemos esperar un buen resultado a todos nuestros emprendimientos. En cambio, si se trata de un pavimento en mal estado, lleno de baches e intransitable, ello indica que sufrimos de una gran envidia que nos causará serios problemas con socios y amigos.

PAVO REAL

Un pavo real representa una advertencia: nuestra gran vanidad puede llevarnos a perder credibilidad entre nuestros socios. Debemos tratar de mantener un bajo perfil durante los próximos meses.

PAYASO

Indica la curación a través de la risa. Presagia una felicidad agridulce.

PEINAR

Peinarse en sueños sugiere que en breve tendremos que resolver algunos aspectos que nos están molestando. Si, en cambio, peinamos la cabellera de otra persona, esto es signo de que seguramente hemos depositado nuestra confianza en la persona equivocada.

PELAR

Seguramente descubriremos un gran secreto si soñamos con pelar frutas. Si, en cambio, en el sueño pelamos vegetales, ello predice malas noticias y desilusiones con los amigos.

PELÍCANO

Los pelícanos son símbolos de prosperidad económica, seguramente producida gracias a una excelente administración.

PELIGRO

Un sueño con significado contrario. Enfrentar el peligro en el plano onírico sugiere que en la vigilia podremos superar nuestros problemas

PELO

Fuerza, vitalidad, virilidad. El significado de este sueño depende del estado del pelo. Pelo suelto: libertad. Pelo atado: sumisión. Pelo despeinado: anuncio de dolor. Cortarse el pelo: renunciar a algo, perder la fuerza. Pelo en el cuerpo: bestialidad, animalidad.

PELUQUERO

Para un hombre este sueño implica mucho éxito en los negocios. Si, en cambio, es una mujer la que sueña con un peluquero, esto indica menos fortuna de la deseada.

PENA

Sueño de significado contrario. Muy pronto estaremos regocijándonos.

PÉNDULO

Como es fácil imaginar, el péndulo, con su movimiento de un lado al otro, está indicando un súbito cambio. Puede ser un cambio de planes, un cambio en la rutina, pero de cualquier modo, no será duradero, pues como el péndulo, volveremos otra vez al punto de partida. Tal vez convenga dejar de lado la ansiedad y pensar seriamente qué queremos.

PENE

Símbolo universal del poder, la generación y lo masculino. Representa la fuerza de la vida y su renovación. También en la creatividad y la potencia. Claro que el pene puede indicar además problemas con la propia sexualidad, en especial si el soñante es un varón.

PERAS

El significado depende del tipo y calidad de las peras. Si éstas son frescas y maduras, el sueño sugiere que estamos por escuchar, accidentalmente, algunos chismes que resultarán muy provechosos. Si, en cambio, se trata de peras enlatadas, ello predice un inesperado beneficio. Un árbol lleno de peras es un símbolo de prosperidad y aumento de posibilidades.

PERDER

Soñar que perdemos algo y no podemos hallarlo es característico de las personas muy distraídas, a las cuales la preocupación por sus propios descuidos las persigue hasta en sueños.

PERDIZ

Estas aves en un sueño nos anticipan una larga espera para ver los frutos por los que tanto trabajamos. No obstante, si tenemos problemas en el camino, no debemos desesperarnos ya que seguramente serán pasajeros.

PERDONAR

Ya sea que seamos nosotros quienes perdonamos o quienes somos perdonados, este sueño promete un extenso período de armonía y paz espiritual.

PEREJIL

Verlo crecer en sueños anuncia nuestro crecimiento intelectual debido a una gran dedicación al estudio. Comer perejil, en cambio, sugiere que lograremos triunfar, en parte gracias a nuestro esfuerzo, pero más que nada, por una racha de suerte.

PEREZA

Si nuestra pereza es agradable y en el sueño aparecemos disfrutando de nuestra tranquila actitud, ello señala nuestro éxito y popularidad en el ámbito social. En cambio, si se trataba de una pereza por la cual no cumplíamos con nuestras obligaciones, entonces podemos esperar algunos conflictos o desacuerdos en la familia y en el trabajo.

PERFUME

El perfume es un transmisor insustituible de sensaciones e intenciones. Si una mujer sueña con perfumarse, esto habla de algún interés romántico por alguien en especial. En general, soñar con perfumes muy intensos y sensuales habla de un grado de excitación pasional de alguna relación, todavía por concretarse.

PERGAMINO

Un pergamino, en un sueño, indica el alivio en nuestras preocupaciones y, por qué no, un pequeño reconocimiento.

PERIÓDICO

Leer un periódico en un sueño significa que algunos eventos futuros resultarán muy beneficiosos. Comprar un periódico significa un gran aumento de estatus; mientras que usar un periódico para envolver paquetes o en alguna otra forma, predice un feliz reencuentro con viejos amigos o una reconciliación.

PERISCOPIO

Miedo a ser espiado o, tal vez, deseos inconfesables de conocer los secretos de otra persona.

PERLAS

Un excelente símbolo. Ver o tener perlas en un sueño predice un gran aumento de nuestro nivel económico, de nuestros bienes materiales y de nuestra posición social. Pero, si accidentalmente perdemos las perlas o éstas se desparraman por el suelo sin que podamos juntarlas o recogerlas, ello anticipa leves inconvenientes antes de experimentar el aumento anteriormente mencionado. Sin embargo, si podemos juntar las perlas del suelo y volver a ponerlas en su lugar, dichos inconvenientes resultarán prácticamente insignificantes.

PERSECUCIÓN

Soñar con persecuciones de cualquier tipo habla de nuestras intenciones de evadir la realidad, así como obsesión con una idea que no podemos desechar. Soñar que somos los perseguidos, pone de manifiesto intranquilidad por las consecuencias de acciones pasadas. Ver que nosotros perseguimos afanosamente a alguien o algo, revela espíritu de lucha, así como constancia para triunfar.

PERSONIFICACIÓN

Si personificamos a alguien en el sueño, esto indica que nos reclamarán algún error que hayamos cometido en el pasado. Sin embargo, si nos engañan con una personificación, pronto estableceremos una duradera amistad.

PERRO

En líneas generales, los perros son un buen augurio, pues simbolizan la amistad y la fidelidad. Pero, lógicamente, la interpretación del sueño varía de acuerdo con la acción y otros detalles. Si los perros estuvieran ladrando o gruñendo amenazadoramente, el soñante deberá prevenirse contra disputas y rencillas entre seres queridos. Ver a un perro mordiendo prenuncia la lealtad de un amigo capaz de defendernos en cualquier circunstancia.

PESADILLA

Soñar que tenemos una pesadilla es un fenómeno muy extraño y poco común y, posiblemente, sugiere que estamos reprimiendo un grave conflicto emocional, el cual deberíamos analizar con algún amigo o un psicoanalista.

PESTAÑAS

Pestañas largas y bellas predicen agradables reuniones sociales y, también, felices romances. Pero, si se trata de pestañas postizas, el sueño predice el descubrimiento de un peligroso secreto.

PÉTALOS

Soñar con arrancar los pétalos de una flor o verlos caer, anuncia tristezas por una relación rota.

PEZ

Ver peces nadando libremente en agua cristalina, constituye un augurio de prosperidad y poder personal. Peces muertos, ya sea en su hábitat natural o en un mercado presagian, en cambio, penas y desilusiones. Soñar que pescamos es augurio de éxito, y cuanto más grande sea el pescado, mayor será el éxito.

PEZÓN

Un sueño en el que un adulto se alimenta a través del pezón de una mujer, denota que las deudas se van de nuestras manos; en cambio, soñar con un bebé mamando de un pezón anuncia el feliz alivio de nuestras preocupaciones. Si se trata de un sueño erótico, otros significados se encuentran detrás de él. Si los pezones son firmes y de bella coloración, el sueño es un buen augurio para ambos sexos y si son de gran tamaño, ello vaticina un aumento de nuestros bienes materiales. Por otra parte, los pezones doloridos nos advierten que visitemos al médico para un chequeo. Si soñamos que tenemos más de dos pezones, ello indica que se debe a nuestra indiscriminada elección de compañeros sexuales, conducta que deberíamos revisar. Soñar que los pezones de alguna persona tocan nuestro cuerpo, significa la llegada de buenas relaciones a nuestra vida.

PIANO

Un piano en sueños es anuncio de progreso en todos los asuntos personales. Sobrevendrán acontecimientos muy alegres. Un piano roto y desafinado denuncia insatisfacción personal y ambiciones pendientes.

PICAR

Un sueño en el que picamos cualquier cosa en pedacitos, tiene un significado contrario e indica que lograremos solucionar desavenencias o disturbios en la familia.

PICAZÓN

Problemas sin importancia, pero igualmente irritantes nos esperan si soñamos con picazón en cualquier parte del cuerpo.

PIEDRAS

Soñar con piedras preciosas es augurio de grandes negocios. Una piedra de afilar denuncia preocupaciones graves y aconseja emprender un viaje para alejarse de ellas.

PIEL

Buen augurio. Símbolo de conexión entre lo exterior e interior. Superficie, apariencia, pero también sensibilidad.

PIERNAS

Cualquier sueño que muestra una lesión, lastimadura, deformidad o inflamació en las piernas señala una dificultad financiera de la misma magnitud que la aflicción en el sueño. Soñar con piernas flacas anuncia una situación vergonzosa debida a un problemático romance; en cambio, un sueño con piernas hermosas predice un feliz cambio de circunstancias.

PIES

Se aproxima un cambio de dirección en algún aspecto importante de nuestra vida o, más precisamente, un cambio en nuestra escala de valores.

PIMIENTA

Usar pimienta en sueños nos advierte que debemos moderar nuestro temperamento rebelde e impulsivo. Contenerse es preferible a lamentarse.

PINCHAZO

Esta sensación en un sueño tiene un significado muy directo. Si sentimos un pinchazo, ello indica que nuestro obstáculo más grande somos nosotros mismos, ya que nos subestimamos demasiado. En cambio, si soñamos que damos un pinchazo a alguien, esto nos advierte de nuestra tendencia a la agresividad.

PINGÜINO

Soñar con este gracioso animal nos revela que

nuestros problemas no son tan serios como creemos y que debemos aprender a tomarnos la vida un poco más a la ligera.

PINO

El pino alude a lo familiar. Anuncia reuniones y congregación de seres queridos. Es un pronóstico favorable que tiene que ver con gozar de la vida.

PINTAR

Soñar con pintar una casa anuncia el conocimiento de extrañas noticias que por mucho tiempo nos habían ocultado. Pintar cualquier otro objeto, ya sean muebles o adornos, sugiere la participación en una actividad secreta. Por otra parte, soñar con pintar un cuadro es un muy buen augurio, especialmente si lo hacíamos con acuarela.

PINTURA

Una pintura al óleo es simplemente una advertencia: no debemos dejarnos encandilar por una tentadora propuesta, ya que ésta finalmente resultará mucho menos interesante de lo que esperamos.

PINZAS

Soñar con pinzas de cualquier tipo presagia situaciones incómodas y forzadas.

PIÑA

Aventuras amorosas en tierras tropicales. Beber el jugo de la piña o comer su carne, prenuncia fortuna y éxito social.

PIOJOS

Estas feas criaturas predicen molestias o disgustos debidos a la ineficiencia de otros; a menos que en el sueño hayamos matado a los piojos, en cuyo caso predice un largo período de buena suerte.

PIPA

Símbolo de paz, de confort y de premio al esfuerzo, verse fumando en pipa es pronóstico de satisfacciones. También, símbolo de orgullo y seguridad.

PIRÁMIDE

Revela el oculto deseo de contactarse con otros espíritus, probablemente de muertos queridos.

PISCINA

Una piscina es siempre un símbolo de buen estatus social, de diversión y frivolidad, salvo que esté vacía o en malas condiciones, en cuyo caso se trata de una advertencia de no hacer especulaciones no premeditadas.

PITO

Oír en sueños un pito avisa de situaciones comprometedoras o peligrosas.

PIZARRÓN

Soñar con un escrito hecho con tiza en una pizarra, puede indicar que recibiremos malas noticias de una persona postrada, víctima de un mal incurable. Nuestra seguridad económica podría hallarse amenazada.

PLACER

Soñar que se está disfrutando de un placer es anuncio de ganancias y de agradables aventuras en lo personal.

PLAGA

Soñar con la amenaza de una plaga predice para el futuro, molestias y perturbaciones. Si los preocupados fueran otros, denuncia desagrado y envidia por nuestros éxitos.

PLANCHAR

Para una mujer, soñar con esta tarea del hogar simboliza el alivio de alguna preocupación que la acosa.

Para un hombre predice el aumento de sus ingresos o algún beneficio inesperado.

PLANETAS

Deseo de aventura o de cambio en la rutina, pero al mismo tiempo, temor a lo desconocido.

PLANTAS

Augurio de buena suerte en todo lo que emprendamos. Claro que si las plantas que vemos en el sueño están marchitas o en malas condiciones, es probable que así también nos encontremos nosotros y nuestra propia vida. Vernos regando plantas indica que nuestra dedicación y perseverancia nos llevará a conseguir todo lo que ambicionamos.

PLÁSTICO

El significado de este sueño depende de si el objeto de plástico nos produjo o no desilusión. Si, por ejemplo, descubrimos que un bello adorno que parecía de mármol, es en realidad, de plástico, podríamos confundir de este mismo modo a las relaciones y las personas.

PLATAFORMA

Posición, escenario. Necesidad de sobresalir. Inseguridad, deseo de reinar sobre otros. Si en sueños la plataforma es endeble y temblorosa, sentimos miedo a ser descubiertos en algo que ocultamos.

PLAYA

Soñar con yacer en una playa profetiza que estamos por emprender algo muy importante. Si en vez de en traje de baño, yacemos desnudos, es posible que muy pronto enfrentemos problemas financieros.

PLOMO

El plomo en un sueño es un símbolo de tristeza y vaticina peleas en el hogar, desilusión en el amor y problemas en el trabajo. Por el momento, lo mejor será evitar tomar decisiones apresuradas.

PLOMERO

Este sueño denota necesidad de destapar algo. Sentimientos reprimidos.

POBREZA

Soñar que se está en la pobreza generalmente anuncia lo contrario la llegada de bienes y fortuna. Si los pobres fueran otros, esto denuncia el espíritu caritativo y la inclinación de ayudar a los demás.

POESÍA

Leer o escuchar poesías en sueños indica que estamos en un período apto para los sentimientos amorosos.

PÓKER

Este sueño nos aconseja dejar de lado amistades perniciosas. Por otro lado, como en el póker generalmente se miente, vernos jugando a ese juego es una crítica inconsciente acerca de la falsedad de algunas de nuestras relaciones.

POLICÍA

Figura que representa la autoridad colectiva. Su aparición en sueños es un recordatorio de que no debemos traspasar los límites, utilizar procedimientos errados ni transgredir las normas. También puede tratarse del sentimiento secreto de rebeldía de no querer hacer algo solamente porque "es lo que corresponde".

POLVO

No es un augurio auspicioso. Es probable que corramos peligro de perder en los negocios. Si soñamos que sacudimos el polvo, esto indica la necesidad de evadir compromisos o personas que en el fondo no nos interesan. Ver una nube de polvo prenuncia un nuevo y desconocido problema en el horizonte.

POLLO

Pensamientos desorganizados. Miedos menores. Cobardía del soñante. El pollo, como es sabido, es un ave de vuelo corto. Esto indica inseguridad.

POMELO

Ver esta fruta cítrica prenuncia un período de confusión debido a conflictos entre nuestra vida profesional y nuestra vida amorosa. Lo indicado sería escuchar a quienes nos aconsejan, pero confiar solamente en nuestra propia intuición.

PORCELANA

La abundancia material y el bienestar familiar y doméstico se aproximan si soñamos con la presencia de artículos de porcelana. Si éstos aparecen rotos, seguramente tendremos que adoptar un cambio beneficioso, aunque posiblemente no muy placentero.

PORTAFOLIOS

Soñar con un portafolios señala la insatisfacción con nuestras actividades. Un portafolios lleno nos advierte que debemos prestar más atención a nuestros asuntos personales. Perder el portafolios es un sueño de significado antagónico y anuncia un beneficio inesperado; en cambio, encontrar uno, indica que tendremos que cuidar nuestros pasos para evitar problemas de negocios.

PRISMÁTICOS

El significado depende de la intención con la cual se utilizaron los prismáticos. Si se usaron para espiar a alguien, seguramente se aproxima un escándalo. En cambio, si se usaron con buenas intenciones, como en un hipódromo o autódromo, el significado es positivo.

PUENTE

Soñar con un puente aconseja cautela, prevención y habilidad para resolver conflictos complicados. Si uno se viera cruzando un puente, es la transición entre dos períodos de la vida. Puede interpretarse, también, que se ha evadido un obstáculo. En un hombre soltero indica matrimonio. Soñar que atravesamos un puente de madera simboliza el miedo, el temor. Vernos cayendo desde un puente es augurio de pérdidas, incluida la de la razón.

PUERRO

Ver este vegetal creciendo en un jardín señala un lento progreso, pero si soñamos con comerlo, cocinarlo, o servirlo, ello predice un rápido incremento de estatus.

PUERTA (TRASERA)

Usar la puerta trasera en lugar de la puerta del frente, es indicio de que cambios importantes están por ocurrirnos. Si son amigos los que usaron nuestra puerta trasera, debemos ser extremadamente cautelosos al considerar nuevos emprendimientos. Si en cambio, soñamos que ladrones o intrusos intentan penetrar por nuestra puerta trasera, éste es el sueño más contradictorio de todos: ¡esperemos una avalancha de dinero!

PUERTO

Refugio, seguridad, paz emocional. También, viajes a tierras lejanas.

PULMONES

Si realmente sufrimos de algún problema respiratorio, el sueño no tiene ningún significado; de lo contrario, soñar que nos quejamos de alguna molestia de este tipo, cuando en realidad no es así, significa una advertencia para consultar al médico como prevención.

Q

QUEBRADURA

Ruptura, cambio forzado. Posible engaño de un ser querido.

QUEMADURAS

Las quemaduras en un sueño constituyen un buen augurio. Si nos quemamos las manos significa que tendremos el apoyo y la aprobación de nuestros amigos; en cambio, si nos quemamos los pies, significa que lograremos realizar una tarea muy complicada.

QUESO

El queso en sueños no es una visión auspiciosa. Denota decepción e infidelidad de un amor. Soñar que comemos queso sugiere que sentimos arrepentimiento por haber actuado impulsivamente.

QUIEBRA

Ver **BANCARROTA**.

QUIETUD

Ver **CALMA**.

QUIJADA

Voluntad, ira implacable. Las quijadas, especialmente las de un animal grande, representan las puertas de lo subterráneo, el temor a ser devorados por el inconsciente. Otros significados: peligro arrollador que amenaza con consumirnos.

QUILLA

Equilibrio, balance, miedo a no poder mantenerse a flote. Por su relación con la navegación, también puede estar augurando un viaje de ultramar.

QUÍMICA

Participar o sólo mirar experimentos químicos indica el grado de responsabilidad que el soñante asume con respecto al tema del cual trata el sueño. Si el que realiza el procedimiento es el soñante, es claro que trata de encontrar solución a un problema.

QUININA

Amargura, pero tal vez necesaria. Este sueño nos enseña que a veces es necesario cerrar los ojos y "tragar" una medicina amarga si queremos obtener sus beneficios.

QUINTILLIZOS

Un sueño de alegría, abundancia y una vida matrimonial dichosa.

QUIRÓFANO

Ver **OPERACIÓN**.

QUIROMANCIA

Deseo de conocer lo oculto. Cuando soñamos que nos leen las manos, estamos revelando la aspiración secreta de conocer nuestro futuro y, tal vez, de obtener información sobre la vida de otros.

QUISTE

Soñar con un quiste no es un buen presagio. Está indicando que algo anormal está creciendo dentro de nosotros. Y puede no sólo ser una masa tumoral, sino también algún tipo de sentimiento negativo.

RABIA

¡Atención! Ignoramos totalmente la existencia de un enemigo oculto, un individuo del que nunca sospecharíamos, pero que se encuentra dentro de nuestro círculo de amigos. ¡Cuidado!

RABINO

Cualquiera sea nuestra religión o nuestra creencia, el rabino es un símbolo de buenas influencias. Si el soñante es judío, el sueño significa progreso; en cambio, si no es judío, indica que recibiremos gran ayuda de varios amigos que se preocuparán mucho por nuestros intereses.

RADAR

Inclinación observadora, necesidad de detectar problemas. También puede denunciar desorientación o confusión.

RADIO

El significado de una radio en un sueño se encuentra en el sonido que ésta produce. Si lo que escuchamos por la radio es agradable, esto predice una feliz vida hogareña. En cambio, si el sonido de la radio es perturbante y demasiado fuerte, ello predice serios conflictos y discusiones.

RAÍCES

Ver ÁRBOL.

RANA

Símbolo de fertilidad y erotismo. Sus asociaciones con el agua y la lluvia la hacen un animal lunar (la Luna rige la lluvia, las mareas y todas las aguas). Los sueños con ranas anuncian que la suerte estará muy pronto de nuestro lado.

RANCIO

Descomposición, muerte, deterioro. Soñar con un sabor rancio o ver alimentos rancios, no es un buen presagio. Puede tener que ver con el miedo al deterioro y la decrepitud o puede estar señalando que algo en nuestra vida "huele mal".

RAPTO

Ver **SECUESTRO**.

RAQUETA

Una raqueta de tenis u otro deporte constituye una clara advertencia acerca de nuestra tendencia a hablar de más, especialmente cuando es preferible guardar silencio.

RATA/RATÓN

La mayoría de los sueños con ratones sugieren un enfrentamiento en la familia, pero sin embargo, el significado cambia según la acción. Si asustamos al ratón, ello indica que seremos más listos que nuestros enemigos y podremos así superar cualquier obstáculo o dificultad. Si en el sueño sentimos un ratón en nuestra ropa, ello indica que algún amigo o conocido está calumniándonos. Tener miedo o asustarnos de un ratón predice una situación muy embarazosa; mientras que matar a uno significa un progreso financiero. Atrapar un ratón con una trampa augura noticias lejanas o visitas inesperadas. Si el sueño trataba de un gato persiguiendo a un ratón, ello sugiere que no permitamos a otros meterse en nuestros asuntos. Sin embargo, debemos escuchar y recibir consejos, pero siempre actuando según nuestro propio juicio.

RAYO

Simboliza la intervención del cielo sobre la Tierra, el poder de lo divino, la posibilidad de realizar un cambio sustancial, que puede ser positivo o negativo. El más frecuente es el significado negativo, ya que los rayos asustan y son una suerte de castigo divino por nuestros pecados.

RECOMPENSA

Deseo de llamar la atención, necesidad de reconocimiento. Soñar que recibimos una recompensa simboliza claramente que queremos tener éxito, y a través de ese éxito, despertar la admiración de otros. Este es un deseo absolutamente legítimo, pero si en el sueño se experimenta angustia, es claro que el soñante posee una baja autoestima.

RED

Tiene dos interpretaciones contrapuestas. La positiva es que una red nos protege y nos provee de seguridad, atajándonos cuando caemos. En el aspecto negativo, una red nos inmoviliza y nos atrapa.

REFLEJO

Ver **ESPEJO**.

REFRIGERADOR

Vernos introduciendo comida en un refrigerador predice prosperidad continua. Si, en cambio, nos visualizamos sacando comida, esto anuncia huéspedes inesperados.

REFUGIO

Si en el sueño encontramos un refugio, esto indica que lograremos escapar de quienes quieren hacernos mal. Si nos vemos buscando un refugio, esto nos advierte que no podremos eludir del correspondiente castigo si causamos daño a otros.

REGALO

Augurio de reconocimiento, agradecimiento, generosidad y bendiciones.

REGAZO

Simboliza, por una parte, refugio, protección, apoyo, cariño incondicional. Por otra parte, vernos sentados en el regazo de alguien del sexo opuesto habla de la posibilidad de vivir una relación amorosa clandestina o al menos, del deseo de tenerla.

REINA

Poder de lo femenino, símbolo de la diosa madre y de la fecundidad, de la tierra y la naturaleza, de los frutos y granos maduros. Autoridad última que preside sobre los misterios de la vida, el nacimiento y la muerte. La reina también rige la noche: es la Luna que ilumina el misterioso paisaje del inconsciente. En su aspecto benevolente, la reina es amor, sustento, guía y generosidad. En su aspecto negativo, representa los celos, la destrucción y la venganza.

RELIGIÓN
Ver **IGLESIA**.

RELOJ
Ver, comprar o escuchar un reloj en sueños es una advertencia bastante directa y nos indica que no debemos seguir perdiendo el tiempo. Dar cuerda a un reloj en nuestro sueño predice la próxima llegada de un intenso romance.

REMAR
Vaticina un esfuerzo agotador, pero también progreso. En general un sueño de buen augurio.

REMENDAR
Soñar que remendamos cualquier cosa (ropa, por ejemplo) significa exactamente lo contrario: que hay cosas que, una vez que se rompan, ya nunca podrán ser iguales: la confianza, una relación amorosa, etc. ¡Cuidado! Especialmente si estamos a punto de ser infieles, pues no podremos volver atrás.

REMOLACHA
Felicidad en asuntos amorosos, especialmente si se comparten con otras personas.

REMOLINO
Anuncia un período de desconcierto, confusión, pérdida de orientación. La aparición de un remolino suele ocurrir cuando el soñante está empezando a enamorarse. Éste sería el significado positivo. Pero en general, la sensación de perderse y ser arrastrado es angustiosa y no es un buen presagio.

RENUNCIAR

Nunca es un buen augurio soñar con la renuncia a una posición, ya sea de otros o de nosotros mismos. Renunciar siempre significa dar un paso atrás, una pérdida, la imposibilidad de llevar adelante algo, y aunque a veces renunciar aparezca como una solución o como una idea feliz, siempre conlleva un sentimiento de nostalgia.

REPOLLO

Ver **COL**.

REPRESA

Ver **DIQUE**.

RESBALAR

Torpeza, obstáculos, temor de dar pasos en falso, necesidad de pensar dos veces dónde depositamos nuestra confianza. Soñar que resbalamos y caemos, presagia desilusiones en el amor y ruptura de relaciones.

RESCATE

Soñar con el pago de un rescate, cualquiera sea la circunstancia, ya sea que seamos nosotros las víctimas u otra la persona a ser rescatada, en general, es una visión que tiene que ver con la codicia y esos pensamientos desesperados que a veces todos tenemos acerca de la forma de hacer dinero fácil y rápido.

RESTAURANTE

Fuente de nutrición. También posibilidad de seleccionar entre distintos "menúes".

REVOLTIJO

Desorden y confusión en nuestros sentimientos. Duda sobre nuestro propio rol en la vida, probable temor a ser homosexuales.

REVÓLVER

Ya sea que lo veamos, escuchemos su sonido o

lo usemos, cualquier sueño donde esté presente un revólver prenuncia injusticia, ya sea hacia nosotros o hacia alguien cercano. Soñar con que cargamos un revólver constituye una fuerte advertencia sobre nuestra tendencia a
dejarnos llevar por nuestro temperamento.

REY

Felicidad, prestigio y prosperidad se avecinan si
soñamos con ver, conocer o hablar con un rey. Para aquellos que tienen este sueño frecuentemente, es un símbolo de sus grandes ambiciones y de su espíritu luchador.
Ver a un rey muerto es una advertencia acerca de una posible desgracia, mientras que ser uno el rey, significa que
poseemos una gran autoestima y gracias a ello, podemos
triunfar en la vida.

RIFA

En el decir popular, soñar con una rifa o sorteo
es siempre un buen augurio; se afirma que lo indicado, si
recordamos el número con el que soñamos, es jugarlo inmediatamente, pues seguro ganaremos.

RINOCERONTE

El rinoceronte simboliza la fuerza bruta y la tozu-
dez extrema. Verlo en sueños puede tener dos significados:
o bien una advertencia acerca de que debemos parar la ca-
rrera alocada, que no nos permite pensar con claridad,
tranquilizarnos y razonar; o también que es posible que
un peligro poderoso e irracional se cierna sobre nosotros.

RIÑÓN

Soñar con nuestros propios riñones sugiere la
necesidad de someternos a un chequeo médico. Cocinar,
comer o servir riñones indica que estamos envueltos en
una empresa dudosa.

RÍO

El serpenteo de un río nos recuerda las vueltas
del destino. Si en sueños nos vemos parados a orillas de

un río, entonces la vida nos pasa por delante. Deberemos entrar en acción. Que la corriente del río sea pacífica o embravecida indica cómo nos sentimos respecto de nuestra propia vida. Estar nadando en aguas muy rápidas sin salvavidas, simboliza nuestra vulnerabilidad y nuestros sentimientos de inferioridad. En cambio, deslizarnos plácidamente por mansas corrientes, tal vez en un bote, quiere decir que vamos por la vida con esfuerzo mínimo, o que nos encontramos en un período de descanso.

RISA

Por lo general éste es un sueño con un significado contrario y por lo tanto, no es un buen augurio. Sin embargo, si se trata de la risa de un niño, entonces el sueño predice una racha de buena suerte en las finanzas. De otra manera, si es uno el que se ríe en el sueño, esto indica una posible tristeza o desilusión en el amor. Si en el sueño escuchamos a otras personas reír, ello indica la ruptura de alguna amistad.

RIVAL

Anuncia que surgirán obstáculos en nuestro camino, prueba que debemos pasar para llegar a nuestra meta, experiencia desagradable pero necesaria. Por lo general, cuando nos vemos enfrentando a un rival en sueños, lo que vemos no es exactamente lo que significa. Por ejemplo, si nos vemos luchando contra un rival en nuestro trabajo, es posible que el conflicto no esté ahí, sino en el ámbito afectivo.

ROBO

Pérdida de valores, de identidad, de autoestima, de emociones. Los sueños acerca de robos suelen ocurrir durante la primera etapa que sigue a una situación traumática; como por ejemplo, un divorcio, una enfermedad grave o accidente, durante la cual uno sufre una pérdida irreparable e insoportable.

ROCA

Ver **PIEDRAS**.

RODILLA

Soñar que nos tiemblan las rodillas significa que nos hemos involucrado en un asunto o negocio dudoso. Lo mejor es evitarlo, ya que podría convertirse en un gran dolor de cabeza.

ROMPER

Estemos preparados para un período de zozobra inusual si en nuestros sueños aparecen objetos rotos o dañados de cualquier índole. Cuanto más valioso o importante el artículo roto, más largo será nuestro período de prueba. Hay dos excepciones a esta regla: las gafas rotas significan éxito donde se espera el fracaso; los huesos humanos rotos implican un legado inesperado.

ROPAS

La ropa representa la apariencia, la propia imagen. Si una mujer sueña con comprarse ropa nueva, es posible que esté por tener un nuevo admirador. Si sueña con ponerse la ropa, será invitada a muchas fiestas y eventos. Soñar con quitarse la ropa, le anuncia que recibirá propuestas que la ofenderán. Cuando un hombre es el que sueña con vestirse o desvestirse, deberá cuidarse de aquellos que intentan calumniar su reputación.

ROSA

Como flor, la rosa es símbolo de la bondad y la riqueza del alma. También se asocia con la belleza femenina, la inocencia y la pureza. Pero como es un símbolo muy complejo, tiene numerosos significados. Por ejemplo, es el símbolo de Venus, la diosa del amor. En la alquimia, la rosa simboliza la sabiduría y las rosas blancas junto a las rojas, la unión de los opuestos. Para la simbología cristiana, las espinas de la rosa representan el pecado. Los colores de las rosas también tienen su interpretación. Una rosa blanca indica pureza e inocencia; una rosa roja encarna el martirio y la caridad; y una rosa rosada, la sensualidad y las emociones.

RUBÍ

Símbolo de la sangre, la pasión, la vida y la longevidad. Ver también **JOYAS**.

RUBOR

Soñar con ruborizarse significa que descubriremos la traición de un amigo. Observar ruborizarse a otros nos exhorta a no repetir chismes.

RUEDA

Como el círculo, la rueda simboliza lo completo, la totalidad, la armonía, y también la repetición de las estaciones y los ciclos de la vida. En la alquimia, representa la circulación. En un nivel mundano, hace referencia a la fortuna, la oportunidad, la suerte. En los sueños, su significado es positivo, pero puede tornarse negativo. Por ejemplo, soñar que viajamos en un vehículo al que se le sale una rueda, constituye un augurio de males futuros.

RUIDO

Oír ruidos fuertes o extraños en un sueño indica una serie de problemas domésticos, pero si el ruido era tan fuerte que llegó a despertarnos de nuestro sueño, ello predice un cambio que resultará muy beneficioso.

RUINAS

Las ruinas siempre aluden de manera casi literal a otras ruinas: ruina espiritual, ruina moral o material, sobre todo si aparecen acompañadas de un sentimiento de tristeza, cansancio o depresión.

RUISEÑOR

Ver o bien oír el bello canto de un ruiseñor constituye un muy buen augurio para el amor, si el soñante es soltero; en cambio, para el casado, anuncia un gran aumento de su estatus social.

RULETA

Ver **JUEGO**.

S

SÁBANA

Las sábanas, si son blancas y limpias, simbolizan la pureza, la salud, un lugar donde estamos a gusto. Pero también traen reminiscencias de hospitales, y conllevan un presagio de enfermedad.

SABIDURÍA

Generalmente en sueños, se representa como un anciano que nos da un mensaje que debe ser interpretado.

SABLE

Cortar de cuajo, especialmente el pasado y las viejas ideas. Ver **CUCHILLO**.

SACERDOTE

Ayuda espiritual, alivio. Motivo onírico semejante a sabio. Expresa nuestra necesidad de consejo ante alguna circunstancia afligente.

SACO

Formalidad, identidad profesional. Si un hombre casado sueña con un saco indica que se verá envuelto en una aventura extramatrimonial. Si una mujer tuviera este sueño, denuncia su necesidad de protección masculina, ya sea de su esposo o su padre. Ver en sueños que estamos preocupados por el temor a perder nuestro saco, lo que en realidad simboliza es que tememos perder la fe en nuestras propias convicciones. Si el saco luce ridículamente corto, esto denota impotencia en asuntos de amor.

SACRIFICIO

Soñar que nos sacrificamos por alguien presagia que habrá cambios de ambiente, y representa también el esfuerzo por conseguir algo o alguien a quien queremos. Una pelea por tener éxito, pero a costa de mucho trabajo. La sugerencia de este sueño es dejar a un lado esa actitud abnegada. Si otros se sacrifican por nosotros, es un buen presagio de felicidad.

SAL

Pureza. Incorruptibilidad del espíritu. Dotes morales. Los poderes preservantes de la sal y el hecho de ser tan necesaria para la vida le dan un simbolismo de eternidad y permanencia. Desde la antigüedad ha sido usada para conjurar los poderes del demonio. Unida al pan representa la amistad y la hospitalidad.

SALARIO

Sueño de distintas interpretaciones. Ver **DINERO.**

SALTAMONTES

Este movedizo y verde insecto significa confusión y complicaciones por venir. Asuntos pendientes en la balanza requerirán un manejo muy cuidadoso. No deberemos tratar de salir adelante solos sino con toda la ayuda y consejo de nuestros amigos y allegados.

SALTAR

Crecimiento con esfuerzo, logros. Buen augurio que indica que así como nos elevamos en el sueño, de la misma forma pasamos por encima de los obstáculos de la vida.

SALUD

La simbología de todo lo que se relacione con la salud, propia o de otros, es la misma que cuando soñamos con la enfermedad: un llamado de atención hacia el cuerpo como recipiente del alma.

SANATORIO

Ver **HOSPITAL.**

SANGRE

Símbolo de las emociones, el alma, la fuerza de la vida. Perder sangre en sueños, es dejarse llevar por las emociones. Recibirla, es recibir apoyo emocional, alimento para nuestra psiquis. La sangre menstrual alude a la sabiduría, la fertilidad y la intimidad emocional. Estemos preparados para un duro período contra fuerzas hostiles si soñamos con ropas manchadas de sangre. Si las manchadas de sangre son nuestras propias manos, nos aguarda un período de negra suerte, a menos que cuidemos mucho, de nuestra persona y, nuestros asuntos personales.

SANGUIJUELA

Un sueño que envuelva estas horrendas criaturas indica la posibilidad de sufrir un período de bajos o agotados recursos. Sin embargo, esto no debería deprimirnos ya que seguramente esta situación sea temporaria.

SANITARIOS

Todos aquellos negocios pendientes llegarán a un exitoso y satisfactorio término si soñamos que ingresamos al sanitario.

SANTO

Buen augurio. Consuelo. Señal de que nuestros males no serán eternos porque alguien nos cuida desde el más allá.

SAPO

Ver **RANA.**

SARTÉN

Arma o herramienta. Equipamiento básico. Vuelta a la sencillez. Augurio de paz hogareña.

SASTRE

Creación, restauración, reparación. Trabajo seguro y paciente.

SATÉLITE

Mensaje distante. También sugerencia de que podemos escuchar las opiniones de otros, pero no dejarnos influenciar completamente por ellos. Ser nuestro propio centro y no girar en torno de nadie.

SECRETARIA

Organización, orden, ayuda. Su aparición en sueños nos reclama que debemos poner orden en algún aspecto de nuestra vida.

SECRETO

Necesidad de exponer algo oculto. Culpa que nos impide ser felices.

SECUESTRO O RAPTO

Soñar que uno es secuestrado indica éxito y triunfo en contra de cualquier oposición, ya sea en el ámbito de los negocios o en el social. Si en cambio soñamos que cualquier otra persona era secuestrada, pronto recibiremos noticias inesperadas.

SED

Expresión de un deseo muy profundo de nuestro inconsciente, que por su magnitud puede tener características místicas. Sed de conocimiento, sed de espiritualidad.

SEDA

Sueño con connotaciones amorosas. Depende del color de la seda, si es blanca, expresa matrimonio. Si es negra, erotismo desbordado. Y así de acuerdo al matiz.

SEGURIDAD

Ya sea que se trate de guardias, alarmas o seguros de vida, estas imágenes aluden a la necesidad de protección y a diversos temores que nos superan.

SELVA

Región del inconsciente. Explorar nuestro interior. Las selvas son vastas, oscuras y misteriosas y ocultan lo desconocido. Es fácil perderse en ellas. Sin embargo, también presentan un aspecto acogedor, ofrecen protección y abrigo.

SEMÁFORO

Advertencia, señal de peligro. El soñante deberá estar atento a lo que ocurre a su alrededor si no quiere cometer errores.

SEMEN

Potencia masculina, energía creadora. Metáfora de deseos y emociones reprimidas.

SEMILLAS

Expresión de la vida, posibilidad de ser que aún no se ha manifestado. Futura creatividad. Fecundidad, expansión.

SENDA

Ver CAMINO.

SENOS

Símbolo de la maternidad y la fecundidad. Si una mujer sueña que le duelen los senos es posible que eso sea un anuncio de embarazo. Si se trata de un hombre, el sueño puede tener una connotación erótica o revelar el deseo de volver a la infancia. Soñar con senos que aumentan de tamaño es anuncio de que la soñante tendrá una vejez muy feliz.

SERENATA

Por lo general, escuchar música en sueños, es portadora de noticias agradables y muchas veces lejanas. Si además se trata de una serenata, estamos ante un clarísimo buen auspicio para el amor. Ver también MÚSICA.

SERPIENTE

Ver VÍBORA.

SERRUCHO, SIERRA

Segar, separación. Presentimiento de daño a nuestra reputación o competencia desleal.

SERVILLETA

Usar una servilleta en un sueño es una clara señal de que encontraremos la fuerza necesaria para llevar a cabo todos los logros que creemos imposibles y más allá de nuestro alcance. Plegar una servilleta, por otra parte, significa que recibiremos una invitación para una gran celebración.

SEXO

Usualmente, el símbolo de dos fuerzas o energías unidas. Los sueños acerca de encuentros sexuales con personas del mismo sexo son muchas veces confundidos con una homosexualidad reprimida. Sin embargo, casi siempre simbolizan una necesidad de conectarse o conocerse más a uno mismo. Muchas veces, los sueños sexuales señalan una represión emocional. Por supuesto, pueden simbolizar también una represión sexual, aunque no en todos los casos. El anteriormente mencionado es un ejemplo. Los sueños sexuales demuestran además una gran ansiedad e inquietud por el compromiso (usualmente antes del matrimonio) o preocupación por la posibilidad de que una relación haya perdido su encanto o directamente haya llegado a su fin.

SHAMPOO

Claramente alude a un "lavado de cabeza". Purificación de las ideas. Erradicación de pensamientos erróneos o negativos.

SIDRA

Nuestra confianza está puesta en las personas menos indicadas si soñamos con esta bebida. Lo aconsejable es ser prudente y cuidar las confidencias.

SIESTA

Soñar que dormimos una siesta durante el día es un claro símbolo de seguridad financiera y emocional.

SIGNO

Soñar con un signo o una señal denota desorientación, búsqueda de indicios que nos guíen por el camino acertado.

SILENCIO

Ver **CALMA**.

SILLA

Representa un apoyo y el suministro de descanso. Las sillas son también nuestro asiento o lugar en el mundo, una versión cotidiana de un trono y como tal, representan el poder y la autoridad. Sentarse en una silla puede representar el acto de reprimir algo dentro nuestro.

SILLÓN

Ver a una persona sentada confortablemente en un cómodo sillón indica que estamos próximos a realizar un viaje hacia el Sur. Si el sillón aparece vacío encontraremos un pequeño misterio. Por último, si vemos a un gato recostado sobre el sillón y durmiendo, la imagen es solamente una advertencia de que no perdamos la calma y no desarrollemos mal carácter.

SIMIO

Ver a un simio denota que alguien se está burlando de nosotros y no lo sabemos. Si el simio nos corre, debemos estar en peligro de perder nuestro puesto en el trabajo.

SIRENA

En la mitología griega, estos seres, mitad pez y mitad mujer, tenían la característica de atraer a los marinos hacia su destrucción, hipnotizándolos con sus cantos. Será conveniente no dejarnos encandilar por promesas de brillante apariencia pero con final desastroso.

SIRVIENTE

Soñar que uno es un sirviente presagia exactamente lo contrario: nos espera una vida de lujo y confort. Si en cambio soñamos que otros nos sirven, esos otros representan en realidad a personas que en la vida real están por encima nuestro y a las que quisiéramos avasallar.

SOBORNO

Soñar con un soborno denuncia que el soñante ha cometido una tontería. Aceptar dinero como soborno pone de manifiesto que somos personas de intachable conducta. Si en cambio rechazáramos ese soborno, es probable que nos devolverán un dinero inesperadamente.

SOBRE

Obstáculo, impedimento. Los sobres cerrados representan frustraciones, asignaturas pendientes, lo que hubiérase querido que fuera y no fue. Abrir un sobre y quitar su contenido significa entrar en acción con respecto a los problemas, hacerse cargo y resolverlos.

SOFÁ O DIVÁN

A menudo, un símbolo de la sanación y el proceso terapéutico, especialmente en psicología, donde Sigmund Freud tomó de los antiguos la costumbre de recostar al enfermo cerca de una estatua que representaba al dios de la comarca para que le transmitiera buenos pensamientos y así poder sanar. Aunque ya pocos psicoterapeutas hoy en día utilizan el diván como método, aún queda su simbolismo.

SOFOCACIÓN

Sofocarse en sueños expresa un estado de restricción, de limitación de nuestras posibilidades de elección y de nuestra libertad.

SOGA

Conectar, retener, necesidad de controlar. Soñar que estamos atados con sogas es una señal de atascamiento, de compromiso. Probablemente estamos por enfrentar un grave conflicto de negocios.

SOL

Vida, energía. La luz de la conciencia y el intelecto. El dios Sol es el héroe. La puesta del Sol significa la muerte del héroe; el nacimiento del Sol, la expulsión de las sombras del inconsciente.

SOLDADO

Para las mujeres, soñar con soldados es un anuncio de nuevos romances, poco duraderos. Para un hombre, el significado es diferente. Si el soldado con el que sueña estaba de guardia, ello predice conflictos a nivel familiar. Si el soñante ve a un soldado herido, ello significa que algo lo está perturbando, algo no lo deja descansar y, no le permite tener su conciencia tranquila. Sin embargo, si ve un batallón de soldados en pleno combate, el sueño le está anticipando el triunfo y la satisfacción de todos sus deseos.

SOLEDAD

Un sueño contradictorio. Sentirse solo en un sueño significa que no vamos a estarlo.

SOLTERO

El significado de este sueño depende de muchos aspectos. Si el soltero es joven nuestro romance progresará. En cambio, si el soltero es mayor, deberemos tener más cuidado en lo que decimos o hacemos pues corremos el riesgo de perder un amigo valioso. Si un hombre casado sueña con ser soltero es posible que se esté aproximando a un súbito cambio de circunstancias. Para un hombre soltero, en cambio, éste es un sueño contradictorio cuyo significado es nada menos que muy pronto se verá atado por los lazos del matrimonio. Para una mujer soltera (que sueña con un soltero) este sueño promete una nueva y dichosa relación, mientras que para una mujer casada esto señala la necesidad de mayor discreción en las relaciones con los hombres.

SOMBRERO

Punto de vista, actitud, mentalidad, opiniones. Los sombreros cubren o esconden la realidad del individuo. Cambiar sombreros en un sueño representa una modificación de mentalidad, de opiniones, un cambio de conciencia. O bien, un sombrero puede ser simplemente interpretado como una idea que sienta bien a nuestra mentalidad.

SOPA

Tomar sopa bien caliente vaticina una larga lucha que terminará con un inesperado triunfo. Una sopa fría simboliza una mala relación amorosa, la cual deberíamos reemplazar cuanto antes por un nuevo romance que le dará dinamismo a nuestra apagada vida.

SORDERA

Perder el oído en un sueño es un muy buen presagio, especialmente para los negocios. Soñar con otras personas sordas significa que veremos una feliz solución a nuestros problemas. Sin embargo, tratar de comunicarse con un sordo advierte un período de frustración antes de lograr nuestros objetivos.

SOSTÉN

Obviamente la interpretación varía de acuerdo al sexo del soñante. Para un hombre, cualquier sueño protagonizado por esta pieza de lencería, es una advertencia a estar en guardia contra las influencias de su círculo inmediato. Para una mujer, promete un incremento en sus actividades sociales.

SÓTANO

Soñar que estamos en un sótano anticipa que tendremos pocas oportunidades de hacer dinero.

SUBASTA

Concurrir a una subasta es una señal de que algún conocido está tratando de aprovecharse de uno. En este caso, debemos estar atentos para anticipar tal evento.

SUCIEDAD

La suciedad refleja en los sueños un sentimiento de culpa, lo que nos hace sentir interiormente sucios. Pero si no somos nosotros los sucios, sino que lo es otra persona, el sueño indica que tenemos algún peligro inminente.

SUICIDIO

Sueño poco frecuente que pone en evidencia un profundo estado depresivo. Indica el deseo de suprimir algo de nosotros que no nos gusta. Si este sueño es recurrente puede ser la expresión de un trastorno psicológico al que debemos prestar atención.

SUR

Viajar hacia el Sur en un sueño significa que vamos rumbo al éxito y la felicidad. Y si en el sueño ya estamos en el Sur, de un país o en el hemisferio Sur, ello indica que ya ha llegado el momento del triunfo y que por nada debemos abandonar. El éxito está a un paso.

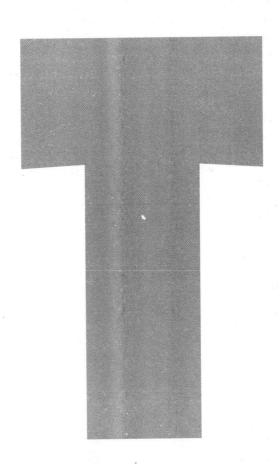

TABACO

Fumarlo es señal de felicidad; mascarlo es anuncio de rivalidad con el sexo opuesto. Ver también **CIGARRO**.

TALISMÁN

Ver **AMULETO**.

TALLAR

El significado de este sueño depende de las circunstancias. Si estábamos tallando para otros, podemos esperar que otros se queden con nuestras ganancias.

TAMBORES

Señal de éxito, triunfo. Si despertamos de un sueño en el que tocábamos los tambores, seguramente veremos cumplirse todos nuestros deseos, especialmente aquéllos relacionados con el amor. Los tambores y su sonido representan un festejo, un logro y la alegría consiguiente. Por lo tanto, oír tambores anuncia el propio triunfo; representa el momento en que hemos logrado la victoria, que hemos conquistado lo que deseábamos y, también, anuncia la recompensa que recibiremos por nuestro sacrificio.

TAPADO

Soñar con un tapado, sobretodo o capa, entraña el significado inverso. Si, en nuestro sueño, el tapado que lucimos es viejo y raído, esto nos anticipa una vida fácil y llena de riquezas. De la misma manera, si el tapado es caro y suntuoso, se avecinan tiempos de escasez.

TARÁNTULA

Síntoma de mala salud. Esta venenosa criatura presente en un sueño nos advierte que cuidemos nuestra salud o bien que consultemos a un médico. No debemos dejar pasar el tiempo; el vaticinio es muy preciso.

TARDE, LA

Una tarde soleada predice la llegada de amistades duraderas. En cambio, si la tarde es nublada y de lluvia, una leve tristeza y sucesivas decepciones se aproximan. Debemos recibir tal situación con calma.

TARTAMUDEAR

Debemos tener en cuenta muchos aspectos del sueño, para llegar a una interpretación adecuada. En principio, el hecho de tartamudear sugiere una indecisión, una dificultad para reaccionar o moverse en la vida. De este modo, tartamudear en un sueño representa una señal de nuestro inconsciente de que algo anda mal en nosotros. Si, en nuestros sueños, somos nosotros mismos los que tartamudeamos, esto está anunciando una frustración, angustia o molestia, posiblemente ocasionada por una enfermedad o una gran tristeza. Por otra parte, si son otras personas quienes tartamudean, ello indica que alguien, tal vez un desconocido, nos estorbará o nos pedirá ayuda más de la cuenta.

TATUAJE

Símbolo de lugares desconocidos, de tierras lejanas, de nuevos rumbos en la vida. Ser tatuados en un sueño vaticina viajes, aventuras y nuevas experiencias. Ver a otros tatuarse es una señal del inconsciente que manifiesta nuestra inseguridad o indecisión de partir en busca de nuevos horizontes.

TAXI

Viajar en un taxi solos en un sueño significa que gozaremos de bienestar a lo largo de toda la vida. Si viajamos en el taxi por la noche y con alguien del sexo opuesto, el sueño nos advierte que no confiemos nuestros secretos, ya que podríamos involucrarnos en un escándalo. Conducir un taxi, en cambio, sugiere que trabajaremos duramente sin recibir un salario suficiente, pero que igualmente disfrutaremos de ello.

TAZA O TAZÓN

El significado cambia según los detalles. Si el tazón se encuentra vacío, podemos esperar desilusiones. Si se encuentra lleno, seguramente veremos cumplidos todos nuestros deseos.

TÉ

Símbolo de distinción. Elegancia, placer, tranquilidad. Soñar que tomamos té es un buen augurio, especialmente si lo hacemos en compañía de amigos. Augura felicidad, salud, buena vida y gran dignidad. Sin embargo, derramar el té mientras lo bebemos, predice una etapa de desavenencias en el ámbito familiar.

TEATRO

Soñar con una función o espectáculo teatral anuncia el éxito en las relaciones sociales y de negocios. Un teatro oscuro, por su parte, anuncia una inesperada etapa de aburrimiento. Es posible que no acudamos a ninguna reunión o celebración por un tiempo. No obstante, es muy posible que un sueño con un teatro esté relacionado con los actores que aparecen en él y no con el teatro en sí. Ver también el significado de **ACTOR**.

TEJAS

Caminar sobre tejas rotas es una advertencia: cuidado con correr riesgos innecesarios. ¡El resultado podría ser fatal!

TEJER

Gozaremos de gran felicidad y armonía en el hogar si soñamos con tejer, siempre y cuando no hayamos tirado las agujas o no hayamos tenido que deshacer una parte del tejido, en cuyo caso se aproxima un período de dificultades domésticas. Por supuesto, si el soñante es en realidad un buen y frecuente tejedor, el sueño no tiene ningún significado especial.

TELA

Todo depende del tipo de tela con el que soñemos, el color, textura y otros detalles. Como regla general, el hilo y el lino auguran ingresos importantes. La lana, seguridad. El terciopelo y el brocato nos anticipan éxito en asuntos amorosos. La seda vaticina una vida social intensa, y el algodón indica la necesidad de cuidar nuestra reputación y evitar comportamientos indiscretos. Soñar con cortar tela puede ser augurio de problemas a la distancia.

TELARAÑA

Nos espera la felicidad si soñamos con telarañas en los lugares adecuados y aceptables: sótanos, bodegas, altillos. Pero si están donde no deberían -ropa, muebles, libros- esto es un augurio de dificultades debido a competidores hostiles que están tratando de tendernos una trampa. Si en el sueño las eliminamos y limpiamos el lugar, esto quiere decir que estamos bien preparados para combatir el problema.

TELÉFONO

Comunicación con el inconsciente, o con el resto de la gente. Soñar que alguien cuelga el teléfono mientras le estamos hablando señala una gran inseguridad, un miedo al rechazo o a ser abandonados.

TELEGRAMA

La interpretación depende de la acción y el tipo de telegrama. Un telegrama que trae buenas noticias indica un mejoramiento de nuestras financias y/o buena suerte en el juego. Por otra parte, enviar un telegrama a un amigo predice la ruptura de la amistad con otro.

TELESCOPIO

Necesidad de mirar más allá, de ver algo en detalle y con detenimiento. Puede tratarse de un deseo inconsciente de reorganizar nuestra vida, observando otras posibilidades y rompiendo con la rutina.

TELEVISIÓN

El significado depende de lo que vemos en la televisión. Si disfrutamos de la programación y las imágenes nos entretenían, ello indica que vamos por buen camino y que, por el momento, nuestros objetivos están claros. Por el contrario, si las imágenes que veíamos en la televisión nos perturban, esto es una advertencia de nuestro inconsciente acerca de no dejarnos influenciar tanto por las opiniones de los demás. Debemos actuar según nuestro propio juicio, pero igualmente respetar y aceptar los consejos de la gente que nos quiere.

TÉMPANO

Ver **ICEBERG**.

TEMPLO

Ver **IGLESIA**.

TENIS

Jugar al tenis en un sueño anuncia una gran actividad social y un cariño especial por las amistades y la vida familiar.

TERMÓMETRO

Un gran cambio se aproxima si soñamos con un termómetro. Por lo general, se trata de un cambio favorable, y su magnitud es proporcional a la temperatura que indica el termómetro. Cuanto más alta sea la temperatura, mejor y más favorable será el cambio.

TERNERO

Un ternero amamantándose constituye una clara señal de que todos nuestros deseos pronto se cumplirán. Un ternero descuartizado predice una desilusión inesperada, mientras que un ternero juguetón es un buen presagio para los amantes.

TERREMOTO

Señal de turbulencia interior. Los sueños con terremotos, al igual que otros desastres naturales, ocurren durante períodos en la vida de gran agitación. También, los sueños con terremotos son muy frecuentes en personas que sufren enfermedades terminales, especialmente cáncer, las cuales amenazan con "derrumbarles" toda su estructura de vida.

TESORO

Encontrar un tesoro es una clara señal de prosperidad. Cavar para encontrarlo anuncia un mejoramiento de nuestra salud, mientras que si se bucea hacia las profundidades para encontrarlo, predice la llegada de una herencia inesperada.

TÍA

El significado es diferente si se trata de una tía materna o paterna. Una tía por parte del padre indica que viviremos momentos placenteros en compañía de nuestros seres queridos. Una tía por parte de la madre representa un largo bienestar económico. El mismo significado puede atribuírsele a **TÍO**.

TIMBRE

El sonido de un timbre predice una buena y feliz vida social.

TIZA

Al no poder cumplir con nuestros planes, sufriremos desilusiones si soñamos con un pedazo de tiza. Estar escribiendo en una pizarra con tiza, anuncia que el soñante se hará merecedor de honores públicos.

TOALLA

Buena salud, confort material. Si se trata de una toalla limpia y buena, el sueño predice estabilidad económica y emocional.

TOBILLO

Torcerse un tobillo en un sueño predice una pérdida de dinero. El hombre que sueña con los tobillos de una mujer puede esperar la llegada de un romance muy intenso.

TOCINO

Comer tocino en sueños significa continua prosperidad en nuestra vida. En cambio, si el tocino está rancio, es importante que veamos a nuestro médico.

TOLDO

Un sueño que nos prenuncia una vida segura. Estar, en un sueño, debajo de cualquier tipo de toldo augura protección.

TOMATES

Ya sea que los cocinamos, servimos, comemos, o simplemente bebemos su jugo, los tomates constituyen un augurio de prosperidad, felicidad y alegría en el hogar.

TOPO

Este animal subterráneo representa una clara señal de que alguien en quien confiamos está por tendernos una trampa. No deberíamos sospechar de nadie dado que será fácil descubrir al traidor. Por otra parte, si en el sueño atrapamos o matamos al animal, ello augura un aumento en nuestro estatus.

TOREO

Si soñamos que presentíamos una corrida de toros y la misma pareja parece interesarnos, seguramente estamos creando un grave conflicto que producirá una experiencia abrumante en el círculo familiar. Si, en cambio, el espectáculo taurino no nos agrada, seguramente viajaremos a un país lejano.

TORMENTA

Las tormentas son símbolos de nuestra fuerza interior, de las emociones y los instintos. Por ese motivo, un sueño puede revelar una represión de nuestras emociones y sentimientos, que se acumula y termina estallando como una tormenta, huracán o tornado. Una tormenta puede también tener relación con algún episodio espantoso de nuestra vida, algo que nos haya causado la sensación de estar indefensos ante el mundo que, finalmente, termina por derrotarnos.

TORNADO

Ver **TORMENTA**.

TORNO

Trabajar con un torno en un sueño significa que pronto tendremos una idea que nos resultará de gran valor.

TORO

Símbolo de las fuerzas instintivas, energía y autocontrol. Si nos corre un toro enfurecido, significa que nuestros enemigos son muy violentos. Si el toro es manso, saludable e inofensivo, significa que tenemos total control sobre nosotros mismos.

TORPEZA

Este sueño significa lo contrario. Cuanto más torpes luzcamos en el sueño, mayor será nuestra habilidad para lidiar con los problemas que nos aquejan.

TRAMPA

Caer en una trampa significa estar atrapado en un trabajo o en alguna circunstancia que nos disgusta a nivel inconsciente. Por otra parte, para las mujeres embarazadas, soñar con estar atrapadas en un lugar muy pequeño es algo muy frecuente, especialmente durante el tercer mes de embarazo.

TRÁNSITO

Ver **EMBOTELLAMIENTO**.

TREN

Símbolo de confianza y seguridad, ya que se trata de un vehículo confiable para viajar por la vida; a través de una ruta planeada y sin sorpresas. Augurio de una existencia feliz y tranquila.

TRINEO

Una aventura amorosa se aproxima.

TROMPETA

Ver **INSTRUMENTOS**.

TRONCO

Soñar que cortamos un tronco predice un mejoramiento de las condiciones en el hogar. Ver troncos apilados en el bosque es una muy buena señal para cualquier persona, mientras que los troncos flotando en el agua predicen una gran oportunidad que no deberíamos desperdiciar. Por otra parte, un tronco ardiendo -o en llamas- augura felicidad para la familia. Sentarse en un tronco es un símbolo de felicidad personal y una cabaña de troncos predice satisfacción a través del esmero y la dedicación al trabajo.

TRONO

Sentarse en un trono, en un sueño, es una señal de distinción. Por otra parte, ver a otras personas sentadas en un trono significa que lograremos aumentar nuestras ganancias gracias a la gran ayuda de nuestros amigos.

TRUENO

El trueno denota una fuerza creadora, fértil, ya que se lo asocia con las lluvias que facilitan el crecimiento y la reproducción de muchas formas de vida. El trueno, al igual que el relámpago, puede simbolizar una regeneración o bien una destrucción. Su gran fuerza y potencia pueden ser interpretadas positiva y negativamente. En la mitología, los rayos y truenos personifican a los dioses, o bien representan sus armas. La luz producida por relámpagos y truenos simboliza también la iluminación divina.

TUMBA

Pasado que está muerto y enterrado. Este sueño augura pensamientos de muerte, agonía de algún sentimiento.

TUNEL

Puerta de acceso y salida del inconsciente. Salir de un túnel, bajo tierra o sumergido, puede simbolizar el nacimiento de un nuevo Yo. Entrar en un túnel, representa la introspección. Si los túneles aparecen llenos de monstruos extraños o bien poseen muchas curvas, ello indica la existencia de diversos temores que no hemos sido capaces de vencer. Ver **LABERINTO**.

UBRE

Alimento, sustento, abundancia. Augurio de seguridad económica.

ÚLCERA

Sufrir de úlcera en un sueño vaticina un buen período para el desarrollo personal y para las relaciones con el sexo opuesto. Sin embargo, ver a otros sufriendo una úlcera es un mal augurio y predice un largo período de escasez o de mala administración de los recursos. Por supuesto, si el soñante sufre habitualmente de úlcera, el sueño carece de significado.

UNICORNIO

Pureza, simpleza, inocencia. Esta criatura mítica señala la posibilidad de realizar cambios que resultarán de gran utilidad y brindarán a nuestra vida los matices que le faltan.

UNIFORME

Estatus, poder, importancia. Para un hombre, vestir un uniforme en un sueño es una clara señal de aumento de estatus o posición frente a sus semejantes. Para una mujer, un uniforme predice la felicidad y el bienestar en el hogar.

UNIVERSIDAD

Este sueño es especialmente favorable para aquellas personas envueltas en el campo de la ciencia y la investigación. Para los demás, puede representar un símbolo de su gran intelecto o bien la necesidad de dedicarse al estudio para cortar un poco con la rutina del trabajo. Cualquiera sea el caso, una universidad es un buen símbolo.

UÑAS

La interpretación depende del tipo de uñas y de a quién pertenecen. Si se trata de uñas de animales, a modo de garras, ello indica que encontraremos un amigo en quien creíamos un gran enemigo. Si las uñas eran nuestras, el sueño está anunciando una posible discusión con la pareja. Soñar con uñas sucias, rotas o quebradas, es señal de enfermedad o disgustos en la familia. Cuidar la salud es lo más aconsejable, ya que no existen otras sorpresas después de un sueño así.

URNA

Una urna llena constituye un buen presagio. Seguramente prestaremos ayuda a muchos amigos que la necesitan.

URRACA

Malas noticias, conflictos, altercados. Cualquiera sea la acción, la presencia de urracas en un sueño es una mala señal.

UVAS

Estamos siendo advertidos acerca de nuestra inclinación a los placeres sensuales si soñamos con comer uvas. Pero si en el sueño vimos crecer los racimos en los viñedos, en ese caso, las uvas son un augurio de futuro bienestar y prosperidad.

VACA

Simboliza instinto maternal, maternidad, fertilidad. La naturaleza de la vaca es tranquila, pacífica y pasiva. Van con el rebaño, y en un sueño, representan todos esos atributos. Si soñamos esto, seguramente somos seres de carácter pasivo y optamos por una vida tranquila y sana.

VACACIONES

Soñar con ir de vacaciones está demostrando nuestra necesidad de romper con la rutina y dedicarnos un poco a nosotros mismos. No necesariamente significa que tenemos que tomarnos vacaciones, por el contrario, sugiere que nos pongamos en marcha y trabajemos para cultivarnos como personas.

VACUNA

Necesidad de protegerse, de fortalecerse. El hombre que sueña con ser vacunado seguramente está en busca de una pareja estable con la cual comenzar una vida tranquila y saludable, ya que los encantos femeninos lo han llevado por un mal camino.

VAGABUNDO

Dar dinero o ayudar de cualquier forma a un vagabundo significa que mejoraremos mucho nuestras relaciones sociales. En cambio, criticar, insultar o negar ayuda a un vagabundo predice nuestra propia desgracia.

VALENTÍA

Verse realizando un acto de valentía es una amenaza de enfermedad de los nervios. Si, en cambio, soñamos que procedemos en forma cobarde, esto indica una subestimación de nuestros propios méritos. Si otros actúan con valentía, es seguro que nuestro propio valor será puesto a prueba.

VALIJA

Ver **EQUIPAJE**.

VAMPIRO

Un vampiro en sueños denota una gran ansiedad y un terrible conflicto emocional. Para descubrirlo, lo mejor es consultar a un especialista (consejero o analista) o conversar con un buen amigo.

VECINO

Soñar que ayudamos a un vecino predice la llegada de una herencia o un inesperado regalo. Pero soñar que peleamos con nuestros vecinos es una advertencia de posibles problemas o conflictos debidos a nuestro fuerte carácter.

VEGETALES

Usualmente, los vegetales son considerados como seres sin actividad y con falta de vitalidad. Además, muchas veces se puede comparar a una persona con un vegetal, debido a su nivel de inteligencia, su probable ausencia de emociones, frialdad, falta de voluntad, melancolía y/o mal humor. Los vegetales suelen ser asociados con las raíces del inconsciente, en donde uno encuentra los fundamentos de su propio ser. No obstante, el reino vegetal encierra un sinfín de simbolismos importantes. Por ejemplo, las frutas y las flores son siempre buenas señales, mientras que los árboles en un sueño poseen tanto valor positivo que son considerados como "oro puro" por los alquimistas. El acto de comer vegetales representa la absorción de conocimientos y nuestro enriquecimiento espiritual. Sembrar y cultivar vegetales es augurio de fertilidad y renovación. Uno de los pocos significados negativos de los vegetales existe en ver una prolija plantación, en cuyo caso, ello indica un estancamiento o el temor a sufrirlo. Una vegetación salvaje representa la desorganización, la rebeldía, el caos natural de una parte del alma fuera de control.

VEJIGA

Advertencia acerca de excesos físicos. Más cuidado.

VELA

Las velas constituyen la representación simbólica del esfuerzo del espíritu por vencer, con su propia luz, las sombras que lo acechan. Una vela con luz firme denota un espíritu firme. Una vela con luz temblorosa, problemas de salud o inestabilidad emocional. Una vela que se apaga es una señal de agotamiento y de que es preciso que tomemos un descanso.

VELEROS

Deporte, actividad, movimiento. Soñar con veleros habla de nuestra vocación por los deportes y -¿por qué no?- por la aventura.

VELETA

En los sueños, constituye una advertencia. Significa que no debemos dejarnos vencer por la indecisión y las dudas.

VENENO

Pensamientos o acciones destructivas. Peligro, especialmente para nuestra salud. Anuncio de enfermedad terminal. Otro significado también puede ser emociones dañinas, tales como odio, envidia, celos y codicia, que literalmente envenenan nuestra psiquis.

VENGANZA

Nunca es bueno soñar con vengarnos; es presagio de desazones y pleitos calamitosos. Lo negativo de este sentimiento y la ansiedad que conlleva nos torna desagradables ante los otros y puede terminar haciéndonos perder amigos y afectos.

VENTANA

Símbolo de la conciencia. Es la perspectiva desde la que contemplamos el mundo. Ver por la ventana un paisaje agradable anuncia felicidades futuras. Ver sólo oscuridad a través de la ventana, futuro incierto. No atrevernos a asomarnos a la ventana indica miedo de concretar algo. Una ventana enrejada o con cortinas, denota alejamiento de la realidad. Entrar o salir por la ventana es indicio de que hemos tomado una decisión equivocada.

VENTRÍLOCUO

Escuchar a un ventrílocuo en un sueño advierte sobre los peligros de hablar de más, especialmente en reuniones sociales donde no sabemos si todos son "amigos." Pero, si uno mismo es el ventrílocuo, entonces esto pone de manifiesto que nuestra conducta no es honorable y perjudica a personas que confían ciegamente en nosotros.

VERANO

Presagio de que los proyectos que tenemos entre manos llegarán a concretarse. Los sueños en los que vemos acontecimientos desdichados atenúan su significado negativo si la acción transcurre en verano, por tratarse de la estación de la plenitud.

VERDE

Un sueño en el que predomine el color verde, no sólo en el paisaje, sino también en las ropas, los vehículos, las casas, etc., es una señal de prosperidad, salud y felicidad en el amor.

VERDUGO

Un verdugo es señal de peligro, catástrofe y tragedia.

VERRUGAS

La ubicación en la que aparecen las verrugas es importante para la interpretación. Si aparecen en las manos del soñante, ello anuncia la llegada de mucho dinero; cuantas más verrugas, más dinero. Si, en cambio, aparecen en algún otro lugar del cuerpo, el sueño nos advierte acerca de nuestra gran generosidad, tal vez exagerada, que nos puede perjudicar.

VÉRTIGO

¡Atención, un ataque de vértigo en un sueño puede manifestar un abuso por parte del sexo opuesto!

VESTIDO

En el aspecto de la vestimenta se encuentra el significado. Cuanto más elegante sea ésta, más complicados serán los problemas frente a los que nos encontraremos; por oposición, cualquier vestimenta desprolija y sucia, es un buen presagio. Ver también **ROPA**.

VIAJE

Un viaje predice cambios en nuestra vida, pero para saber si son buenos o malos, se deben tener en cuenta todos los detalles del sueño. Por lo general, un viaje agradable predice cambios igualmente placenteros, y un viaje desagradable, lo contrario. Sin embargo, el significado puede verse alterado por factores como el clima, el paisaje, el transporte y la compañía.

VÍBORA

Uno de los símbolos oníricos más comunes y también el de más variados y complejos significados, dependiendo del contexto del sueño. En general, la víbora es un símbolo de gran poder que indica cambio, renovación y transformación. Y aunque el soñante casi siempre le teme -probablemente debido a su temor a cambiar- este reptil debe ser visto como un símbolo positivo, no negativo. Inclusive su mordedura puede ser interpretada positivamente como ser "mordido" por una nueva conciencia. En su aspecto carnal, la serpiente representa el falo y se asocia con la energía vital, la sexualidad y la sensualidad. Por tratarse de una criatura que se arrastra por la tierra y vive oculta en el suelo, tiene conexiones con lo subterráneo, lo inconsciente y lo instintivo. La habilidad de enroscarse de la serpiente representa los ciclos de la vida, el mal y el bien, la luz y la oscuridad, la vida y la muerte. Las serpientes también se encuentran relacionadas con el agua -que es el símbolo del inconsciente- y con los árboles, que representan el conocimiento. En la simbología cristiana representa el mal, el demonio, la tentación, que empuja a la humanidad a perder la gracia de Dios. Los dragones, generalmente encarnan la misma simbología que las víboras. La mordedura de serpiente, equivale a una inyección administrada por un doctor. Es la iniciación, la penetración de un contenido sanador, física o espiritualmente.

VICIO

Manifestar un vicio en sueños nos advierte acerca de no dejarnos seducir por alguna oferta tentadora que, finalmente, resultará mucho peor de lo que imaginábamos.

VIDRIO

Los objetos de vidrio y cristalería son símbolos de buena suerte. Sin embargo, cuando se encuentran sucios o rotos, su presencia en un sueño manifiesta la necesidad de cambiar por una rutina más tranquila y una vida menos pretensiosa. Poner un cristal en una ventana expresa nuestra satisfacción en el amor; y limpiar una ventana de cristal es señal de nuestra gran voluntad y deseo de progresar en la vida. Romper un vidrio, al igual que un espejo, constituye un mal augurio: inaugura una etapa de mala suerte o anuncia el sufrimiento de una grave enfermedad.

VIENTO

El significado y la interpretación de este sueño dependen de la característica y fuerza del viento. Si solamente sentíamos una suave brisa, ello es símbolo de un lento pero seguro progreso. Sin embargo, si el viento llega en breves oleadas, esto indica una posible frustración en el logro de nuestras metas: es posible que suframos por un largo tiempo, pero finalmente, todo volverá a la normalidad. Paciencia. Un vendaval es señal de mucho trabajo y ardua rutina.

VINAGRE

El vinagre es usualmente señal de enfermedad o malestar. Beber vinagre: necesidad de aliviar nuestras preocupaciones.

VINO

Vitalidad, verdad. Sangre de los dioses. Como la sangre, el vino ha sido utilizado por muchas culturas primitivas como ofrenda a los dioses. El vino está asociado a lo masculino, es un símbolo de la sangre, especialmente en el contexto de los sacrificios. Beber vino en un sueño es señal de buena salud, de vigor, energía, especialmente si éste es sabroso, claro y puro.

VIOLACIÓN

Una violación, cualquiera sea el contexto o su característica, representa una advertencia acerca de nuestra conducta descuidada. Deberíamos respetar a los demás y cuidarnos en nuestras actitudes si queremos mantener una reputación intachable dentro de nuestro círculo de relaciones.

VIOLÍN

Símbolo del esfuerzo, la perseverancia y la voluntad. Soñar que tocamos el violín exitosamente manifiesta nuestra paz interior, felicidad y alegría por llevar a cabo nuestras metas.

VIOLONCELO

Si soñamos que colocamos nuevas cuerdas a este instrumento, podemos esperar la llegada de buenas noticias, pero si alguna cuerda se rompe mientras el instrumento suena, seguramente nos sorprenderá la ruptura de alguna relación.

VIRGEN

Símbolo de inocencia, respeto, admiración. Soñar con una virgen denota una característica pasiva y piadosa, así como también la necesidad de cariño y amor.

Por otra parte, si un hombre soñara que mantiene relaciones sexuales con una mujer virgen, esto le indica que tendrá problemas o se sentirá culpable por algún error cometido o un posible mal alguna vez causado a alguien.

VIUDO, VIUDA

Un sueño con significado contrario. Soñar con ser viudos es una señal de felicidad, bienestar y salud en el amor.

VIVAZ

La vivacidad en exceso por parte de cualquier individuo demuestra un descuido en relación a nuestros bienes.

VOLAR

Los sueños en los que uno vuela son muy comunes y, por lo general, simbolizan nuestra inspiración y deseo de trascender lo común. El volar significa que uno no está atado o limitado, que uno es capaz de actuar y hacer cambios de inmediato. Soñar con volar por nuestros propios medios no es lo mismo que hacerlo en un avión o un helicóptero. En realidad, volar en una aeronave tiene su propio significado y deberíamos buscar la interpretación bajo el nombre específico de dicha aeronave.

VOLCÁN

Como la montaña, el volcán es un símbolo arquetípico del Yo. Su capacidad de "erupcionar" y barrer con su fuerza todo lo que lo rodea, señala un inminente cambio interior, una revolución drástica y sorpresiva.

VOMITAR

Asco, repugnancia. Deseo de deshacerse de algo desagradable o perjudicial en la vida.

WHISKY

Ver **ALCOHOL, BAR, BEBIDA** o **EBRIO.**

XENOFOBIA

Odio a lo extranjero, celos, rencor. Si experimentamos este sentimiento en nuestros sueños, debemos analizar nuestra vida, replantear nuestras relaciones con los demás y encontrar la raíz de nuestro problema. Para ello, lo más aconsejable es consultar con un psicoanalista, o bien hablar largamente del asunto con un buen amigo.

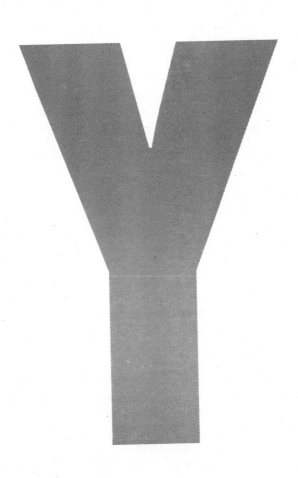

YATE

Ver **BARCO**.

YEGUA

Ver **CABALLO**.

YEMA

Ver **HUEVO**.

YESO

La aparición de yeso en sueños generalmente anuncia un período de suerte con el dinero. Sin embargo, si el yeso está cuarteado o cayéndose de las paredes, algo en nuestra vida familiar se está "resquebrajando". Si soñamos que llevamos el brazo enyesado, muy probablemente en la vigilia nos sentiremos torpes e ineptos para resolver una situación importante.

YODO

Sea blanco o marrón, cuando este producto químico está presente en un sueño indica que nuestros problemas se deben a nuestro propio descuido, por lo cual deberíamos esforzarnos y concentrarnos más en nuestras obligaciones.

YOGA

Concentración, contemplación. Realizar un ejercicio de yoga en un sueño revela satisfacción frente la vida, bienestar físico y espiritual.

YUNQUE

Un yunque representa la fuerza pasiva y femenina, opuesta a la del martillo, masculina, agresiva y activa. Un yunque es un elemento que se emplea, no sólo para forjar metales, sino también para forjar el cosmos y el espíritu, tal como ocurre en la mitología. En un sueño, el yunque puede simbolizar una actitud pasiva ante la vida.

ZAFIRO

Vistos en otras personas, estas preciosas joyas predicen nuevas amistades con personas de alto nivel económico, con quienes aumentaremos nuestro estatus y nivel socio-económico.

ZAMBULLIRSE

Zambullirse al agua en un sueño sugiere que estamos o vamos a estar ante una gran tentación, muy difícil de resistir. Para conocer el resultado y llegar a una correcta interpretación, es necesario tener en cuenta la condición del agua. Si está clara y pura, el resultado será agradable, pero si se encuentra turbia o agitada, podemos esperar un mal final.

ZANAHORIA

Pronóstico de que sufriremos grandes preocupaciones. Si una mujer joven sueña que come zanahorias, pronto contraerá matrimonio y sus hijos serán problemáticos y difíciles. Vernos cultivando zanahorias anuncia abundancia y prosperidad.

ZANCOS

Caminar con zancos en sueños revela un gran orgullo, demasiado, en realidad. Los zancos representan nuestro orgullo, bien alto, pero también revelan un mayor peligro: el peligro a caer desde tan alto. Si de hecho caemos de los zancos, el sueño posee un significado aún más directo, ya que la advertencia es más potente y seria.

ZANJA

Un claro obstáculo. Seguramente soportaremos problemas de dinero en los próximos días o sufriremos algún conflicto emocional, especialmente si en el sueño caemos en una zanja. Sin embargo, cualquiera sea el problema después de este sueño, podremos luego seguir adelante sin mayores dificultades; además, si en el sueño somos capaces de salir de la zanja, todos los problemas traerán consigo un aprendizaje o un beneficio.

ZAPATO

Símbolo de opulencia, riqueza material. La condición de los zapatos es muy importante para la interpretación. zapatos gastados o directamente destrozados son augurio de éxito y bienestar; zapatos nuevos, un advertencia en contra de nuestra gran arrogancia. Soñar con perder los zapatos es señal de que estamos perdiendo nuestro valioso tiempo participando de actividades innecesarias e improductivas. Lustrar y sacar brillo a los zapatos augura una excitante empresa que tendremos que dirigir. Ver un zapatero trabajando significa que comenzaremos un nuevo, extraño y productivo negocio.

ZARZAMORAS

Verlas, recogerlas o comerlas en un sueño constituye un mal augurio, posiblemente de un inesperado revés financiero. Debemos "ajustarnos" el cinturón y prepararnos para atravesar una etapa difícil.

ZEPELÍN

Altas ambiciones, exageración. Ver en sueños un zepelín -o volar en él- denota una actitud arrogante, una exagerada confianza y subestimación de los demás.

ZODÍACO

Ver o estudiar los signos del zodíaco es anuncio de fama y éxito financiero.

ZOOLÓGICO

Veremos nuevas caras en países lejanos, viajaremos por lugares extraños del mundo y conoceremos nuevas culturas si soñamos que visitamos o llevamos un niño al zoológico.

ZORRA, ZORRO

Símbolo de la astucia, la destreza, el engaño. Soñar con una zorra advierte sobre enemigos ocultos, falsas amistades y posibles traiciones. Tener un zorro en la propia casa es señal de nuestro gran cariño y amor por el prójimo, aun por las personas de mal carácter. Por último, soñar que un zorro o zorra nos muerde, es anuncio de infidelidad en la pareja.

ZUMBIDO

Una vida social espléndida nos espera si soñamos con escuchar un zumbido extraño que no logramos identificar.

Í N D I C E